文化先导力
Wenhua
Xiandaoli

文化先导力

Wenhua Xiandaoli

高占祥　池田大作　陆贵山等◎著

北京大学出版社
PEKING UNIVERSITY PRESS

图书在版编目(CIP)数据

文化先导力/高占祥,(日)池田大作,陆贵山等著.—北京:北京大学出版社,2008.10

(文化力丛书)

ISBN 978-7-301-14348-3

Ⅰ.文…　Ⅱ.①高…　②池…　③陆…　Ⅲ.文化-研究-文集　Ⅳ.G0-53

中国版本图书馆CIP数据核字(2008)第158921号

书　　　名:**文化先导力**
著作责任者:高占祥　池田大作　陆贵山　等著
责 任 编 辑:任丽婷
标 准 书 号:ISBN 978-7-301-14348-3/G·2465
出 版 发 行:北京大学出版社
地　　　址:北京市海淀区成府路205号　100871
网　　　址:http://www.pup.cn
电　　　话:邮购部62752015　发行部62750672　编辑部62750673
出版部62754962
电 子 邮 箱:weidf@pup.pku.edu.cn
印　刷　者:北京宏伟双华印刷有限公司
经　销　者:新华书店
730毫米×980毫米　16开本　14.5印张　160千字
2008年10月第1版　2008年10月第1次印刷
定　　　价:60.00元

内容提要

高占祥同志的《文化力》出版后，在社会上引起了很大的积极的反响。书中提出的“文化先导力”观点，尤为大家所重视。海内外有关专家、学者围绕高占祥同志的《文化力》及其核心思想——文化先导力观，展开了大大小小的讨论，本书就是这些讨论文章的结集选编。

书中充分肯定了“文化先导力”这样一个宝贵的核心理念，认为它是一个具有自主性和原创性的新概念，是敢为天下先的创新体系，提供了我们思考的空间，能帮助人们进一步解放思想，更深入地理解党的十七大精神，对实现中华民族的伟大复兴，推动理论创新和思想创新，具有开创性的理论意义和实践价值。书中还认为，“文化先导力”的提出，不仅标志着对文化软实力的认识已提高到前所未有的高度，表明对文化与经济、政治、社会等各方面的关系，有了更科学完整的认识，发生了一个质的飞跃，它还预示着一个文化力新时代的到来。因此可以说，“文化先导力”的提出，对当前和谐社会建设和我国文化软实力的发展，有着极为重要的意义。

前　言

金坚范

高占祥同志在其新著《文化力》(北京大学出版社,2007 年 10 月)一书中,提出了一个带有原创性的重要理念——“文化先导力”。

这是一个新概念,以前还未见有人提出。这一概念的提出,是有其深刻的社会历史背景的。持续十年之久的“文化大革命”,对我们这个国家和民族所造成的历史性灾难,其惨烈之状,至今记忆犹新。曾几何时,“实践是检验真理的唯一标准”的大讨论,力挽狂澜于既倒,一下子拨开迷雾,我们又走上了阳光灿烂的康庄大道。这一反一正的文化冲击力,对人心的震撼程度再怎么评价也不为过。国际上,冷战结束,美苏两大阵营间严重的意识形态斗争宣告结束。原先被遮蔽或压抑的矛盾就显山露水了。原有的地缘政治学、地缘经济学,就不足以解释层出不穷的宗教和种族之间的矛盾和冲突了。人们自然把关注的目光投向身份认同、文化心理等因素。1990 年,美国哈佛大学政府学院院长、美国前助理国务卿约瑟夫·奈提出“软实力”理论，及尔后哈佛大学教授塞尔·亨廷顿提出颇有争议的“文明冲突论”，都与此有关。文化，愈来愈被人们所关注，也就势在必然了。

文化的能动作用，马克思主义早就有论述和肯定。列宁在《哲学笔记》中就说过：“人的意识不仅反映客观世界，并且创造客观世界。”这几年我们一些专家、学者也都认为文化与一个民族的创造力、一个民族的发展有关。就笔者孤陋所及，有的说“文化是一个民族凝聚力和创造力的重要源泉”，还有的说“文化是社会发展的前提和基础”，“文化引领社会发展”等等。根基、源泉、前提、引领等提法，颇有“犹抱琵琶半遮面”、“欲推文门门半开”的味道，都没有“先导说”那么明确、那么有锐气、那么淋漓尽致。当然，“先导说”的内涵也更加深刻、丰富。

占祥同志敏于观察，长于思索，讲话著述，常常妙语连珠，新意迭见。文化先导力的提出，正是高占祥同志一贯秉承陈寅恪先生所提倡的“独立之精神，自由之思想”的学风，不断探索、创新的结果。这与社会上那种“颠狂柳絮随风舞，轻薄桃花逐水流”的学风形成鲜明的对照。今年是改革开放30周年，30年的历程波澜壮阔，硕果累累，引起世人瞩目，其原因是多方面的。而最重要的一点，是解放思想。这是改革开放的先导，也是改革开放的最大成果。解放思想，就是转变观念，就是创新，就是对文化重新编码。人不可能穷尽对世界的认识，也就不可能穷尽对知识的探求，创新便成为一个永恒的课题。马克思主义的理论品质是与时俱进，它的生命力就在于在实践中不断创新。解放思想是党的思想路线中的应有之义，更是党的思想路线的本质要求。党的十七大对“解放思想”作出了最高评价：“解放思想是发展中国特色社会主义的一大法宝”。党的十七大报告不但明确提出“我们的事业是创新的事业”，而且整个报告贯穿着创新精神。改革创新是我们时代精神的核心，也是时代赋予我们的使命。坦率地说，我们这个民族创新能力是欠缺的。中国是一个封建主义传统影响既深又广的国家，崇拜皇权，迷信神权，什么“半部《论语》治天下”、“我注《六经》”等等，都与科学、民主相对立，妨碍思想解放，扼杀创新精神。因此，为独立探索和创新精神鼓与呼尤为重要。

十七大报告提出建设中华民族共有精神家园，深得大家欢迎。建设精神家园要有精神。创新精神，体现了我们民族“天行健，君子以自强不息”的刚健有为、不断创新的文化传统。

“文化先导力”的提出，如此之重要，所以将《文化力》一书中的这一节和有关专家、学者的发言以及文章辑录成册，以广而告之，引起更广泛的关注。

目 录

CONTENTS

CONTENTS

CONTENTS

文化先导力

高占祥

导　读

谋略先于战争，策略先于企业，目标先于人生。先导力是当今未被普遍引起重视的精神对物质的牵引力。

先导，一种解释为引导、引路，一种解释为引路者、向导。

文化先导力，与经济、政治、社会建设相辅相成，却具有先于实践的精神特性。文化先导力，有时似乎是改革开放力量的一部分，有时甚至就是改革力量本身。

文化先导力，是探索力、是先遣力、是先行力，一句话是文化先驱力。

有了它，经济、科技就有了助力。有了它，改革就有了理论探索力。有了它，生活就有了推力。有了它，社会发展就有了协调力。

"超前"是创造性之母。前卫思想是先导力。敢为天下先是先导力。预示未来是先导力。谋略亦是经济发展的先导力。

强者无先例，强者的真正意义是文化先导力的活力。先导是先于其他，身体力行。文化先导力是创造未来的科学。当代文化先导力，是哲学化时代的工具。

文化力是软实力的核心，文化先导力是社会与经济、政治发展的前沿尖兵。

发现问题、预测问题、解决问题都离不开文化先导力，文化先导力是人类大智大勇、率先垂范的具体表现。

第一节　文化先导力对经济、科技有反哺功能

1　文化在经济发展中具有先导性

在建设社会主义事业的实践当中，我们对文化与经济的关系，似乎需要来一个再思考。文化在经济建设当中的作用，似乎需要来一个再认识。“似乎”说，是说需要思考，需要再认识，需要商讨。

过去讲文化对经济的依附性太多，而讲文化对经济建设的先导性讲得少。也可以说讲文化的被动性讲得多，而讲文化在建设中的主动性讲得少。讲经济决定上层建筑这个原理是对的，文化要受经济的制约也是对的。这里提出一个问题是，不仅要讲经济对于文化的决定性，还要看到文化对于经济的先导性。讲文化的依附性讲得多，对它的先导性讲得少，这样的思想可能对于整个经济建设、文化建设都不利。

从一些发达国家来看，他们都注意文化在建设当中的先导性。

文化，包括科学在内，比如在日本、美国，非常注意文化的先导性，用这个来促进经济的发展。所以日本狠抓教育，通过文化、通过教育来提高人的素质，提高人们的文化水平、科技水平，提高人的素质，推进经济的发展。管理学中有一个著名的"短板"理论，又称为"木桶"理论。意思是用木板围成的一个水桶，到底能容纳多少水，并不决定于最长的木板有多长，而是取决于最短的那块木板。如果不认识或不注意文化先导力，就容易出现忽视文化建设、忽视文化发展等一些问题，甚至不能科学灵活地处理经济建设和文化建设的关系，从而影响社会的科学发展。

文化与生产力的解放、文化与生产力的提高，都是成正比的。

经济如果插上文化的翅膀，起飞得就快。如果把我们的事业比做一只大鹏的话，文化建设、经济建设就如同两翼，不重视哪一方面都会出现倾斜。出现倾斜，你想让它飞得高一点，飞得快一点是不可能的。斜着膀子怎么飞呀？飞不上去就栽下来了。文化上不去，就会拉经济建设的后腿。有人说，如果把中国的经济和文化比做这个巨人的两条腿的话，那么经济这条腿长文化这条腿相对短了。一条腿长一条腿短，这样的巨人能够持久稳稳地前行吗？能够在发展的大道上走得快吗？瘸子越跑得快，就越容易跌跟头的！

胡锦涛同志在十六届七中全会重要讲话中曾指出文化相对滞后的状况："与我国经济快速发展相比，我国文化发展相对滞后，同全面建设小康社会的要求不相适应，同人民日益增长的精神文化需求不相适应，同我国的国际地位不相适应。"所以，我们应该用战略眼光来解决文化相对滞后这一问题。既要看到经济对文化的决定性，又要看到文化对经济的先导性。

文化先导力在与经济、政治、社会的相互交融中，经过内化，已经升华为国家软实力的核心，经过传承，发挥着文化对经济的引领和推动作用。经过能动的反哺作用，使自身的精神力转化为物质的推动力。

2 文化品牌最能体现文化先导力

文化品牌是有形资产与无形资产的容纳器，是社会效益与经济效益的结合部，是一份得到社会公认的证书，是具有实力、活力和能力的体现，是市场竞争中的一个法宝。

文化品牌是一种文化现象，是一种文化象征。

上海久久文化艺术商社为开拓科技成果应用范围，建立了63个销售点，遍及20多个省市，仅"JJ型舞厅灯具系列"三项成果就创利39万余元。浙江舞台电子技术研究所20多年来，在科研、生产、推广一体化的道路上，闯出了自己的一条路子。他们研究、生产的400多套大型成套调光设备，遍及30个省、市、自治区和香港等地。他们研制生产的小型流动式调光设备数千台，不仅在国内畅销，而且应用到五大洲40多个国家和地区，受到了外国客户的赞誉。近十年来总产值达2 100多万元，创利420多万元。可谓两个效益双丰收。由于经费充实，他们每年投入科研经费30多万元，不断扩大再生产，形成了良性循环。

文化市场作为精神产品的生产和消费的中介，担负着十分重要的使命：广大人民群众日益增长的多层次的精神文明需求，主要通过这里得到满足；广大人民群众对精神新产品的反馈信息主要在这里获取；精神产品所具有的认识作用、审美作用、教育作用、娱乐作用，同样要在这里得以实现；而不同风格、流派、样式的精神产品，也要在这里各试高下。

文化力是产品进入市场的权威“准入证”。从全球范围来看，在知名产品的背后，都有一定特色的文化积淀。优秀产品的意义早已超出产品的本身，依托文化的渗透力使产品的辐射力得到空前增强。他们正是通过文化力扩张了市场，驱动了经济的迅速发展。

3　决不能忽视文化先导力的作用

在经济发展、物质生活水平提高的同时，如果拜金主义、享乐主义、崇拜“大款”、“大腕”、敛财挥金之风弥漫社会，那就会使“社会入于偏”，就会影响社会向前发展，乃至会使中华民族复兴大业在前进的路上倒退。

中国经济发展进程中出现了不得不重视和考虑的问题，当前的社会倡导什么，抵制什么，应当有一个明确的界限。在发展经济的同时，环境的、社会秩序的、道德良知的建设不应该偏废。赚钱光荣但不能忽视文化价值导向的存在，再快的经济发展速度如以“金钱至上”的道德沦丧为代价，也无疑是舍本逐末。

在科技发展的时代，我们要重视文化力所包含着的价值观念与精神力量对物质科技生产力的指导和控制。

我们的确需要文化先导力的精神观念力量的支撑与引领，来摆脱物质科技力量的奴役。文化先导力具有迥异于物质生产力的选择能力。物质生产力的巨大力量所能对社会和国家产生积极作用的大小，甚至它们是否不被转变为毁灭性的破坏力量，都取决于文化先导力所特有的选择能力的方向和力量。

4　文化先导力是社会发展的引力

一个国家的文化科学水平，或者说，人的文化素质，往往在很大程度上制约着经济，20 世纪下半叶以来的情况更是如此。

文化作为上层建筑的一个重要组成部分，是到了“经济搭台、文化唱戏”的时候了。

提起长三角，人们便想到世界第六大城市群，想到中国经济的发动机和增长极。苏、浙、沪两省一市以全国 2% 的土地，11% 的人口，2006 年创造了全国 20% 多的国内生产总值和近 25% 的财政收入。长三角各地正进行着发展方式的转变，追寻着经济增长的文化动力。

目前，长三角各地都在各显风采打文化牌。上海正努力建设“文化大都市”，浙江正奔向“文化大省”，江苏决心打造“文化强省”。而人称长三角文化“三城记”的沪、宁、杭，也都亮出了城市精神名片，如上海的“海纳百川、追求卓越、开明智慧、大气谦和”，杭州的“精致和谐、大气开放”，南京的“厚德载物，同进文明”。这些城市精神都彰显着各自的城市性格和文化追求。同时，区域内的文化交流与日俱增，各种层面的合作协议纷至沓来。

文化对经济建设的推动力越来越显著，这是一个可喜的现象。文化力已逐步成为我国改革开放社会发展的主角，这表明我们对文化的认识、理解和把握前进了一大步。

如今，文化对经济建设的推动力越来越显著。

文化先导力的这种特性，能防止经济生产的任意性，杜绝脱离社会整体发展的唯经济论思想。正如英国人文思想家罗斯金所深刻揭示的：任意的经济发展，生产的既可能是财富，也可能是“财病”。决定一个社会的财富，不能只注重经济生产，还要考虑到一个社会的整体生活。要判断一个社会，就必须考虑经济生产与消费使用，以及经济生产与消费而产生的所有的社会活动和人的生命状况。

我们一定要依靠文化先导力的引导，给经济生产发展以恰当的位置，使之成为造福社会的奴仆，而不是裹挟一切的主人。我们必须通过政治利用文化先导力来不断调整社会的价值天平，把经济生产、经济利益当做和谐社会生活的一个部分，而绝非生活的最高追求目标。

5　文艺复兴是文化对社会的先导

文艺复兴是西方文化从古代文化转入现代文化的转折点。

在历史变革的时期，风云人物一般应该是政治家、军事家、哲学家、革命家等。意大利的文艺复兴，三位造型艺术家达·芬奇、米开朗基罗和拉斐尔均获得此殊荣。

文艺复兴前的欧洲是由“连绵不断的战火、腐败、松弛的法纪、风行的迷信以及无可救药的愚蠢迷茫这样一个‘大杂烩’所主宰的地方”。

导致文艺复兴出现的重大事件当属在14世纪肆虐欧洲的黑死病的流行。在这场灾难中欧洲一半人口死去。牧师、主教、贵族同农夫、农奴和商人死去的概率是相同的。这一事件的发生，使长期被宗教教条奴役的人开始觉醒，也就是说，对宗教的奉献、虔诚和效忠并没有给人类带来任何保护。

瘟疫蔓延的时候人们的心灵已无力承受。他们渴望新时代的来临，就要通过敏感去寻找一种新的感觉经验和方式，而艺术家把新的感觉方式和经验在艺术中以隐蔽、曲折的形式表现出来。当时的艺术创造了一种完整的所谓“反道德的、不和谐的、丑恶的”形式。

艺术之所以具有这种超前性，是因为艺术是形象的。

人的行为一般是“视觉在前，行为在后”。

文艺复兴最显著的特点就是：文化引导科学，并与科学紧密结合。

6 经济是血肉而文化是活的灵魂

谈文化的先导力，有这么几句话：“文化对于经济建设的推动力，对于思想建设的感召力，对于环境建设的辐射力，对于人才建设的铸造力越来越大。”文化是文明的基石，没有文化难有文明。

1900年普朗克在科学知识的肥沃土壤中播下了“量子”这颗种子，迎来了20世纪物理学的黄金时代。

20年之后，在众多著名物理学家的努力下，在此概念的基础上建立了微观世界的秩序——量子力学，这是量子力学的少年时代。

第二阶段是，狄拉克将量子力学与爱因斯坦相对论结合起来，提出了相对论量子力学，预言了正电子的存在。1932年安德森果真在宇宙射线中发现了正电子。

接着就是第三个时期——研究基本粒子和场的时期。

最新经济理论的一个重要发现：研究型大学在社会发展中具有重要的领导地位。在美国，是麻省理工学院、哈佛大学、普林斯顿大学带动了美国东北角的繁荣；在加利福尼亚州，几乎完全是因为斯坦福大学、伯克利加州大学、加州理工学院等使加州变成全美最大的工业州、农业州和创新科技企业的中心;也是因为有斯坦福、伯克利、旧金山加州大学。旧金山湾区才成为世界上创新科技、创新企业发展最快的一个中心。

第二节　文化先导力对改革开放有领航功能

1　先导力是改革开放的先声

改革开放以来,文化先导力已经成为影响我国社会发展的重要因素。它既是综合国力的重要组成部分,又是增强自主创新力、提升竞争力的重要手段与途径。一个国家、民族的文化先导力在凝聚人心、鼓舞士气、振奋精神、激励斗志、指导行动等方面的作用力的大小,对综合国力的有效发挥非常重要。马克思说过:"理论一经掌握群众,也会变成物质力量。"文化先导力概念形成的过程,既是为社会变革提供理论准备的过程,也是用理论说服群众、引导群众的过程。任何社会其实都需要通过加强文化先导力的建设,以形成能够转化为推动社会变革与发展的物质力量的强大精神动力。

我们从我国20多年的改革实践中清楚地看到,"解放思想,实事求是"的思想路线成功地引导了波澜壮阔的改革开放的大局。没有观念更新,便难有改革成功之举。因为改革是要通过人的群体实践来完成,而人则是要通过观念意识指导行动的。

在改革开放的伟大发展实践过程中,从真理标准的大讨论到生产力标准的确立,再到"三个有利于"标准的深入人心,每一次思想的大解放,都是经济大发展的前奏曲。我们所取得的每一个重大成就，都有着文化先导力的作用因素。

文化先导力具有凝聚人心、统一意志的力量，它不仅是指文化对物质生产、经济基础方面具有先导力，也指文化对生产关系上层建筑方面同样具有先导力。物质经济生产力、科技生产力固然重要，但它终究是手段。文化精神信念的丰富、提高和完善才是目的。再重要的手段，也不能取代对目的意义的追寻。任何缺乏文化先导力作用的社会活动，都是不可思议的。

在当代中国，我党十七大提出的"科学发展观"，是作为一种最强有力的文化先导力，为我国经济发展明确了道路、途径和方向。科学发展观要求保持促进国民经济又好又快发展，为实现未来经济发展目标，提出加快转变经济发展方式、推进经济结构战略性调整、提高自主创新能力、提高节能环保水平、提高经济整体素质和国际竞争力等要求，为我国经济的健康发展奠定了根本的思想基础。

2　先导力在改革开放中凸显

改革是一项崭新的事业，需要我们有勇敢探索的精神、敢于改革的气魄和实事求是的作风。尽管改革中会遇到这样或那样的困难，但是，改革之路越走越宽；改革之事越办越活；改革之人越来越聪明能干。

优秀的文化应该与先进的生产力并驾齐驱，共同推动和促进社会的发展。艺术源于生活，更应该高于生活，美于生活。

文化先导力是人与社会健全发展的内在规律的体现。它有益于促进生产力与生产关系的协调发展，促进文化生产力与物质生产力的协调发展，使社会积极、持续、稳定地进步。任何一个领域如果只局限于自身的变革，而忽视与其他要素同步运行，无论它走得多么远，发展多么快，都会因其他要素的不协调发展而遭到羁绊，必将导致倾斜，乃至危及全局。

客观规律是公平而又无情的，谁不按客观规律办事，谁将受到历史的惩罚。

改革开放以来，党和国家高度重视文化教育的普及和提高，采取各种手段、途径和方法，着力提高人民的文化素质，不断增强人民的民主意识和参政意识，广泛实行民主选举、民主决策、民主管理、民主监督，使我国的民主政治得到发展。

文化孕育文明，使人类离开野蛮粗俗，进入温文尔雅之世界；文化启迪智慧，使人类离开愚昧，走向光明、聪明之世界。

共产党为民造福，无非是造两个福；一个是物质生活的福，一个是精神生活的福。如果只会造一个物质生活的福，那就不能很好地实现为人民服务的根本宗旨。

3　新思想观念即文化先导力

文化必须适应改革、开放、搞活的新形势，必须树立与之相适应的新的文化观念。

发展繁荣文化事业，就需在文化观念上有所改变和突破，充分发挥观念更新的先导作用。如果把整个文化事业的发展比做一条船的话，那么，新的文化观念就似船上之帆，它可以推动文化事业之舟乘风前进。

文化开放观念：文化开放、交流和引进需要我们在文化观念上进一步更新，在心理上进一步开放，变被动渗透为主动开放。

文化市场观念：在社会主义商品经济的条件下，多数精神产品要以商品形式进入流通领域。确立市场观念，主张精神产品面向社会和人民。立足市场，接受广大消费者的检验，科学、辩证地坚持“优胜劣汰，适者生存、发展”的原则。

文化竞争观念：发展文化事业要提倡竞争、鼓励竞争、保护竞争。树立文化竞争观念，就是要奖优罚劣。打破大锅饭的僵化局面，在竞争中生存。

文化经营观念：文化事业要改善经营管理，向管理要生机，向管理要效益。

当时提倡竞争，鼓励竞争，有些同志可能对“竞争”这个词还不太适应，甚至有一种反感。

实践证明：没有竞争就没有活力。竞争是发展的内驱力。我们的文化事业想要有一个大的发展，就一定要提倡竞争，鼓励竞争，保护竞争，在竞争中求生存，在竞争中求发展，在竞争中求繁荣。就像市场与商品一样，竞争与淘汰也是紧密相连的，有竞争必然有淘汰。从比较广阔的意义上来说，淘汰是一件好事情，说明我们在某些方面又有了新的发展。只有不断地竞争，不断地淘汰，才能不断地发展，不断地前进。

4 先导力价值在于率先导航

文化力建设的首要问题就是要通过科学理论思想的文化导向功能，增强整个社会为实现共同理想而共同奋斗的向心力、凝聚力和战斗力。

小康社会的文化建设与精神文明建设是关系到一个社会“自我塑造”的重要方面。固然，经济是社会发展的决定力量，但必须注意到文化对于经济发展有着不可忽视的先导性。

任何一个民族的文化艺术，都会影响它的民族心理。它的民族心理会改造社会环境，而社会环境，尤其是文化环境，必定会影响生产关系和生产力的发展。

经济改革如果没有政治、文化的改革很难大步前进。甚至已取得的改革成果也会毁于一旦。

有悠久历史的中华文化和当代的精神文明，以“科教兴国”为重要战略手段，以促进人的全面发展为价值追求，以集体主义、爱国主义、社会主义的思想基础和社会公德、职业道德与家庭美德为道德规范，是中国文化先导力的巨大资源和发展潜力，使文化力成为反映社会发展和推动社会发展的科学价值力量。

具有奉献精神的知识群体，具有良好道德素质、创造能力、思考能力的创新型、复合型人才，正在以文化的力量引导科学技术向着有利于提升竞争力、增进综合国力和人类文明进步的方向发展。

一个综合国力强大的民族必定是一个具有丰富智慧的民族。

第三节　文化先导力对社会生活有探照功能

1　先导力是人的素质的塑造力

文化，对于人民群众创造历史的活动有直接的推动作用。因此，在文化先导力引领下大力发展科学教育事业，可以直接推动经济社会快速发展。

国民的素质，包括文化科学素质，思想道德素质和身体心理素质，是综合国力可持续增长的决定性因素，所以，增强综合国力说到底在于提高人的综合素质。而提高人的综合素质正是文化力的核心内容。只有先进的文化力，才能以其深远的影响力，塑造出高素质的人,并通过人的综合素质的提高来展示国家的综合国力。没有同现代化社会发展相适应的文化,没有人的综合素质的极大提高,要实现中华民族的伟大复兴就成了无源之水,无本之木,这已被数千年的历史和新中国诞生后正反两方面的经验反复证明。

作为文化力主要构成因素的教育和科技事业为我国经济发展奠定了坚实而长久的基础。改革开放以来,我们培养了一批又一批高级知识分子、高级管理人才,他们在经济建设中发挥了重要的作用;科技和教育的飞速发展,也缩短了知识转化为现实生产力的周期,给我国经济注入了更加强劲的活力。文化产业直接参与经济建设。新兴的文化产业是人类文化经济生活全方位进步的结果,是新技术革命的背景下经济升华、文化物化的结果。就这个意义上来说,文化就是经济,文化就是市场。在现代社会里,作为知识、技术、智能和智力密集的文化产业,在第三产业中的经济效益已得到迅猛增长。

2 先导力要求人们具有前瞻性

新经济形态是人力资源经济、注意力经济、创造力经济。

文化先导力是人与社会健全发展规律内在要求的体现。在人类社会的长期发展进程中,文化力,作为一种隐性的力量,通常表现为精神力和智力因素,在经济与社会全面发展中往往需要借助或者是转化为经济力和政治力才能发挥出来。在21世纪的今天,文化先导力已由过去的隐性力转化为显性力,由软实力进入硬实力,并活跃于社会发展的前沿。

文化先导力,通过科学技术的创新和转化成为新的生产力;通过思想道德建设和科学文化建设提高人的素质,为社会的发展提供思想动力和智力支持;通过对社会实践活动的指导作用,实现社会经济制度和政治制度的优化，从而产生新的生产力。

在中国，文化先导力渊源于中华民族五千年文明，植根于有中国特色社会主义实践，是文化力源于民族智慧、体现民族智慧、丰富和发展民族智慧的表现形式。

“坚持以人为本，树立和落实全面、协调、可持续发展的科学发展观”，“八荣八耻”荣辱观，是文化先导力的时代典范。它为全社会提供了正确的判断标准，有利于人们树立正确的价值观念；有利于人们形成正确的社会角色意识，使个人利益、集体利益和国家利益相结合，从而形成强大的凝聚力和向心力；它促进了民族意识和民族精神的弘扬，有利于调动全国各族人民的积极性、创造性。

3 先导力具有普遍的先导功能

当今全球化时代产生的种种冲突，本质上说是文化的冲突，是文化先导力竞争的结果。如果说蒸汽机和电的发明应用，导致了物质生产力发展的第一次飞跃，那么信息技术和生物技术的发明应用，导致了物质生产力的第二次飞跃，这种飞跃不仅使物质生产力和精神生产力更紧密地结合起来，而且深刻地改变了精神生产力的功能和形式。

物质生产力主要是指人类在适应、改造、调控自然过程中表现出来的物质能力，而精神生产力则是指人类创造精神产品、精神价值的实际能力。

有位哲人说：“观念和文化的东西是不能改变世界的，但它可以改变人，而人是能够改变世界的。”

俄国“十月革命”爆发后，马列主义传入中国，引发了新民主主义思潮，继而掀起了现代新民主主义革命运动。“思想走在行动之前，就像闪电走在雷鸣之前一样。”

当今世界，一个国家和民族强大与否，既取决于经济实力，也取决于文化实力。在新一轮的赛局中，社会发展已由经济增长战略、跨越战略转向以文化先导力为核心的内源型发展战略。可以说，文化力的先导作用无时不在、无处不有。

4 先导力对人具有内在导向力

第一次鸦片战争的时候，林则徐作为有见识的中国官员，就开始广为搜集西方各国的材料，并让人编《九州志》，翻译了一些关于世界地理的书。他还利用华侨搜集了大量西方的报纸进行翻译。后来，林则徐把搜集的材料送给了好友魏源。魏源整理后编成了《海国图志》，重点介绍了外国的机器、先进的武器，并提出了“师夷长技”的观点。一些保守者看了这本书后，都以破坏中华文化、宣扬狄夷之技而加以抵制。但本书传到日本后，在短短的几年内就翻印了21版，对日本的明治维新起到了一定的启蒙作用。正是这种对待文化力的观念差异，导致了中国和日本之间的近代历史发展中的巨大落差。

明治维新时，日本当政的天皇只有5岁，他签一个字，允许土地自由买卖。当时并没有想到农民会因此统统搬进城里去，城市人口短期内暴升十几倍。但是，日本“明治维新”以后的经济发展是历史上最快的。

文字传播力的原点是文字先导力。

以文化力求创新力，以创新力促竞争力，由竞争力强化文化力，相互促进，求得发展。

5　先导力引导人实现奋斗目标

目标不是一个模糊的概念。目标是一种明确的“这就是我正在努力要达到的东西”。

目标设立之前，没有前进的脚步，什么也不会发生。

有位哲学家曾经说过，“运动艺术是门科学，未经计划、思考，休想成功。”

班尼斯特于1954年5月6日第一次打破了4分钟跑1英里的世界纪录。

他把一个大目标分解为若干小目标。班尼斯特推论，一个人跑1个1/4英里比他连续跑4个1/4英里要快些，所以他训练自己要分开想到1英里中的4个1/4。他在训练中先是冲刺第1个1/4英里，然后就绕着跑道慢跑，作为休息。接着他再冲刺另一个1/4英里。他的目标是以58秒钟或更少的时间跑完1/4英里。58秒×4秒=232秒，或3分52秒。他总是跑到极限点。而每次，他都在加大训练极限。终于他以3分59秒6的成绩打破了1英里长跑的世界纪录。

人，一举手、一投足定有其目的。

确立目标，实现目标，为目标拼搏，就是充实人生。

使用“每天进步一点点”法则来获取巨大成功。

派特雷利任湖人队教练时，湖人队正处于最低潮时期。为了鼓励队员们重燃争夺冠军的激情，也为了减轻他们的压力，使他们不要背上失利的包袱，他告诉球队的12名队员说：“今年我只要每人比去年进步1%就行了，你们有没有问题？”球员们一听：“才1%，太容易了！”

于是，每个队员都在罚球、抢篮板、助攻、抄截、防守这五个方面各进步1%，结果那一年湖人队居然夺得了总冠军，还是最容易的一年。

成功来源于诸多要素的几何叠加。正如数学乘式中每个乘项每次只增加了0.1，而乘积将很快成倍增长。

第四节　文化先导力对社会发展有协调功能

1　以管理求协调同步向前进

文化事业要求我们，开拓“两个市场”（国内、国际）、获取“两个效益”（社会效益、经济效益）、服务“两个文明”（物质文明、精神文明）、掌握“两大本领”（懂文艺、善管理）。

由于过去那种“文不经商、士不理财”的传统观念的影响和“大锅饭”的弊端，经营观念比较淡薄，管理水平低下，这种状况与当今的商品经济的社会环境极不适应，严重地阻碍着文化事业的发展。

文化市场既要搞活，又要搞正。搞活，就是坚持改革开放；搞正，就是坚持正确方向。把这二者结合起来，文化市场就繁荣。

当然，世界上难有尽善尽美的事物，在文化市场的开放中也确实出现了一些问题，比如某些精神产品生产者出于赢利的考虑，生产出一些格调不高乃至有毒的产品；某些坏人利用文化市场进行犯罪活动，某些高、精、尖的文化产品的生产受到不同程度的冲击，等等。

要在“管理”上下功夫，在“微调”上想办法，在“完善”上做文章，只有这样才能防止“一管就死，一放就乱”，做到“宏观指导，微观搞活”,“活而不乱,管而不死”,使文化市场充满活力和生机。

我在《人生歌谣》中说:

思想走在行动前,
有了目标再行船。
没有思考就冒泡,
如同野兔胡乱窜。

2 文化先导力孕育两个效益

向管理要经济效益,向管理要文化事业的生机。

注重社会效益,要以社会效益为最高准则。同时也要注重经济效益,把这二者结合起来,才有益于文化事业的发展。社会效益可以保证文化事业的社会主义方向,经济效益则有利于文化事业的扩大再生产。而且,良好的经济效益有益于推进更好的社会效益的实现。发掘文化资源的渠道是很多的,如开展有偿服务活动,发展旅游文化事业,增加出国商业性演出,开办以文补文事业等。开展有偿服务的收入,是为了弥补文化经费的不足,而不能因此而抵减文化事业单位的经费预算。在开源的同时注意节流,改变那种不注意经济效益的“穷大方”作风。要把文化事业逐步从“福利事业型”转化为“经营管理型”。只要我们善于运用科学手段进行经营管理,就可以促进文化事业的繁荣,又可以促进经济建设的发展。

在这方面,山东闯出了一条新路。烟台市以艺术节为凝聚力,吸引了1 513 位中外经济界人士来参加经济技术洽谈,签订了经济技术合同、协议 231 项,获得了艺术、经济双丰收。潍坊连续三年举办国际风筝节,迎来了 30 个国家和地区的宾客,把风筝节变成了愉快的交易会，创收外汇达18.7亿元。

既然山东的艺术节、风筝节可以办好，类似的如福州、泉州的木偶节、云南的泼水节、湖南汨罗江的赛龙舟、庐山的艺术博览会、内蒙的那达慕大会等，也可以用文化经营手段把它们搞活办好，促进“两个文明”建设。

3 文化先导力可以赢得主动

推动我国经济体制改革顺利进行的一个重要途径，就是依靠文化先导力的作用改造旧的经济模式、旧的管理制度、旧的管理思想以及旧的管理方式。我国经济在任何一个转型阶段，之所以能够摆脱困境，创造出惊人的业绩，其根本原因就在于非常重视发挥文化先导力的作用，注重加强文化建设，最大限度地解放人们的思想观念。

文化先导力要为提升综合国力的竞争力提供智力支持、精神动力、方法指导、思想支柱。世界文化历史发展的实践告诉我们：一个国家、一个地区只有拥有强大的文化自主创新和资源整合能力，才能在激烈的国际竞争中把握先机，赢得主动。

要充分利用文化先导力所独有的宣传和教化作用，为文化体制改革营造宽松的社会氛围和奠定坚实的思想基础，调和、化解、缓和、润滑各方利益的冲突、思想矛盾，调动一切积极因素去克服消极因素，采取一切有力的措施去化解多方面的矛盾，从而减少改革的阻力和负面影响。实践证明，只有在全社会形成一种支持文化体制改革的良好氛围，增强全社会对文化体制改革的心理承受能力，积极、妥善地处理好各种矛盾，才能保持安定团结的政治局面，从而推进祖国现代化建设事业不断发展。

4 文化先导力是社会导航仪

社会发展是一个整体。社会前进的过程是政治、经济、文化等诸因素综合因素的协调并进。这就是社会发展的规律。在这个规律面前,顺其者昌,逆其者衰。充分认识并把握这一规律,认识文化发展在整个社会发展中的战略地位,才能顺乎历史的潮流,制定切合实际的文化发展战略,树立科学发展观。

文化因素作为一种国内建设和国际竞争中的软实力,对发展的作用将越来越重要。社会生活中存在物质和精神两种生产力。在特定的历史时期,先进的文化对生产力的影响甚至具有某种决定性的作用。在社会基本生存需求得到满足、物质生活逐渐丰富的情况下,社会发展应该怎样进一步深化,整个社会的价值取向,社会成员的准则以及在发展过程中出现的矛盾和问题应该怎样协调,文化作为一种内在的上层建筑力量,它的作用不可替代,而且将是最后的制胜因素。

在改革与开放的新形势下,在人们物质生活水平不断提高的情况下,就要相应地提高人们的文化素质、文明程度和文化生活水平。如果没有先进的文化力的引导,人们的精神生活就不能相应提高。没有文化精神价值的正确导向与牵引,就会颠覆人的心理平衡。一个人失去心理平衡,就会走邪门歪道。

胡锦涛同志在十七大报告中指出:“科学发展观,第一要义是发展,核心是以人为本,基本要求是全面协调可持续,根本方法是统筹兼顾。”科学发展观要求国家社会实现以人为本、全面协调可持续的科学发展,要求社会人民团结和睦的和谐发展。发展的科学性与发展的和谐性,凸显了科学发展观科学精神和人文精神的统一，物质生产和精神生产的统一，个人的全面发展与社会科学进步的统一，从而形成了经济建设、政治建设、文化建设、社会建设的整体性。这种整体性要求与以人为本的发展理念，恰恰是文化先导力的精神内涵。

文化是与暴力及野蛮战斗的武器

〔日〕池田大作

中华民族文化促进会高占祥主席：

东京一天比一天冷，但天空澄澈，阳光明媚，远山如画。谅高主席康泰如常，由衷道贺。

日前贵会赐予名誉顾问称号，谨致以衷心感谢。想来您已听过于广华副主席汇报，在高主席的关怀下，举行了隆重的颁赠仪式，感激不尽。我作为发扬中华文化、促进文化交流的贵会一员，也要进一步诚心诚意地做出贡献。

热烈祝贺贵中华民族文化促进会成立15周年。惠赐的大作以“文化力”为主题，我也是抱定文化是与暴力及野蛮战斗的武器，是人性的证明这一信念，为文化交流而尽力。

文化具有超越时间、超越国境的强韧力量。而且，独特而优秀的民族文化能触发一切人的心，感铭肺腑，因而蕴涵着全球普遍性。也是从这一意义，我坚信贵会的努力具有巨大的意义，承担着越来越重要的任务与使命。

高主席本身创作诗文，爱好书画，也是摄影家，声名显赫，是我一向敬重的一流文化人。翻阅所赐随笔集、艺术作品集，又使我感佩不已。

和高主席缘深义厚，1979年您率领全青联代表团访日，一同种植“周恩来夫妇樱”的情景犹历历在目。1992年您担任文化副部长，赐予“文化交流贡献奖”，令我终生不忘。我为高主席继续从事可贵的文化、艺术活动而高兴。请今后也多多关照。

衷心祝愿高主席更健康活跃。

作者是创价学会名誉会长，
国际创价学会会长

《文化力》具有里程碑意义

——在《文化力》座谈会上的讲话摘要

苏叔阳

我和占祥同志，是在上个世纪50年代认识的。他也是我的老领导。他在全国文联时是党组书记、常务副主席，我在电影家协会工作，和他接触比较多。我读了这部《文化力》，觉得这本书有几个非常重要的问题值得认真思考。刚才一些学者和教授也谈了不少，我想得比较多，有这么几点：

第一，从当前谈文化时髦的情况来看，有的同志告诉我，西方统计“文化”的定义有96种之多，还有的说不对，有一万多种，吓我一跳。后来我查过，好像是400多种。人类一切物质和生活行为、精神行为都统称为文化，这是区别文明来说。我觉得这个区别很重要。因为说句老实话，在我们这些从业者当中分不清文化和文明的大有人在。经常有人把文明和文化混着使。实际上人类社会进入文明时期是有严格的标准的。中华民族五千年的历史是言之凿凿的。现在对文化不清楚的人是这么多。卖点茶叶就是茶文化，简直是乱用。

再有当前对国学的研究，也有这么几种现象值得关注：一是国学泛滥浮浅化。什么人都可以是国学专家，什么学校都可以建立国学研究所，找两个会说“之乎者也”的人，就是国学大师。这是不对的。二是有的人把国学当做治理道德的文化。孔子说什么，就提出儒家思想说什么，伦理道德讲什么了。三是国学的神秘化。有些学者讲起国学不但“之乎者也”，而且用“现代”、“后现代”，反正谁也不知道他在说什么。我认为一个聪明人是把复杂的问题说成简单，只有糊涂人才把简单的问题说复杂了。四是学术明星化。有的人谈得并非学术本身，而是体会。体会谁都可以说，无奈他的体会竟然变成了国学本身，现在这种现象一直泛滥得很厉害。在这种情况之下，高占祥同志写出了《文化力》。我认为这本书最大的特点是把生活中大量人人见到，但是人人并没有很好思考的感性经验给予理论提升，能做这样的工作，是他多年日积月累、勤于思考的结果。这本书非常好读，所以我不但要对占祥同志表示祝贺，而且还要表示深深的感谢。我想《文化力》对从理论到理论、从学术名词到学术名词、从概念到概念的学风，是一个很生动、很有力的矫正，也是一个很好的教育。

第二，就是我一直在思考，占祥同志的全部文化和学术活动，在中国现代文化史这个长河当中占有什么地位？当然可能占祥同志自己都没有考虑过。我认为《文化力》这部著作具有里程碑意义。我想里程碑有大有小，那么高占祥究竟在中国现代文化史的发展上占有什么样的地位？我觉得这是值得当代文化史学家思考的。因为还没有人做到把广博深奥的文化观讲得大家都明白、都懂，而又不丧失其宝贵的学术品质。这一点结合很好的可能是占祥同志，这一完美结合是值得称道的。文化力之所以叫文化力，其力在何方？如何使文化力更加与时俱进？我们当前该干什么？这是很重要的问题。占祥同志的《文化力》给予了相当深刻、完整的回答。如果有一天中国的文化力得以发展提高，相信大家一定会回想起今天《文化力》的出版这件不平凡的事情。

学术明星极好做，真正的学问家太难做了。占祥同志这本书，思考的这么细致，文笔又这样的平实、生动，这是非常好的。这点给了我很大的教育。

第三，高占祥同志《文化力》一书中透射着的思想敏锐力和洞察力，使我大为吃惊，书中所提出的“文化先导力”等富有原创性的理念和“文化力是软实力的核心”的观点，与我党十七大所倡导的“推动社会主义文化大发展大繁荣”的精神是非常贴近的。此书的出版可说是适逢其时，意义重大，既具有理论价值，又具有现实实际意义，是一部值得重视和研究的好作品。

再有一点，你看占祥不仅写书、学哲学、写诗、写歌词，而且精通摄影、书法、变魔术，还跳国标舞，帅极了，用现代的话说就是“酷”。作为一个文化部长，平易近人。我说这也给当官的做了一个表率。占祥同志这本书你说他严肃吗？非常严肃。平易近人吗？平易近人。著书如此，做人如此，我看不容易。当然这本书，如果最后的归纳总结更上一层楼就更好了。

中国古代几千年，曾为全世界提供了非常优秀的思想，让全球共享。孔老夫子提倡的大同世界，至今仍然是人类理想目标。现在党中央提出来的和谐社会、和谐发展、科学发展观，很可能是一种新的模式、新的思想，可以供全球共享。真正的思想家、真正的文学家、真正的哲学家应该看到这种转变的苗头，写这样的著作。所以我说高占祥同志思想的敏锐力使我大为吃惊，比“80后”一些自称思想家的人，不知敏锐多少倍，那些人还停留在自我陶醉的梦想中，而高占祥同志已经出离了梦境。

作者为著名作家、学者

当下的一个关键词

——“文化先导力”

陆贵山

高占祥同志在他的新著《文化力》一书中，提出了“文化先导力”这样一个宝贵的核心理念。“文化先导力”是一个具有自主性和原创性的文化学领域中的新概念和关键词。它的意义大大超出了文化学本身的范畴，对启蒙开智，推动理论创新，促进社会的全面进步和人的全面自由发展，加速现代化的历史进程，实现中华民族的伟大复兴，都具有开创性的理论意义和实践价值。

古人云，智者们都是“先知先觉”的。其实，只做到先知先觉还是不够的。先知先觉之后，最重要的是，要鲜明地提出一个实质上是具有先进性、科学性、正确性的富有感召力的旗帜和口号。实际上，凡是在时代演进、历史变革和社会转型时期，都存在着一个“文化先导力”的提出、倡导和功能的实施问题。

正确的、科学的、先进的“文化先导力”是一个具有母源性质的文化概念。这种具有母源意义的“文化先导力”是一切“文化力”和“文化因素”的根基。正确的、科学的“文化先导力”是产生和培育“文化创造力”、“文化亲和力”、“文化向心力”、“文化凝聚力”、“文化吸引力”、“文化思维力”、“文化影响力”、“文化竞争力”、“文化调解力”、“文化平衡力”、“文化和合力”、“文化和谐力”、“文化安全力”和“文化永恒力”的重要前提，同时又是克服“文化破坏力”、有效实施“文化钝感力”的智慧和策略，正确发挥“文化扬弃力”，促进“文化生产力”和“文化软实力”的飞跃发展，孵化、哺育、强化和优化“文化人才力”和“文化形象力”的重要手段。

当代中国的“文化先导力”是什么呢？本人认为，当代中国的“文化先导力”正是我们党的十七大所提出的“科学发展观”。深入研究“文化先导力”和“科学发展观”的关系应当成为一个重要的理论和实践课题。“文化先导力”最能体现“科学发展观”的精神实质并起到导航作用。“科学发展观”是全方位地实施“文化先导力”性质、功能和价值的基础、根源和动力。“科学发展观”和“文化先导力”具有良性的互补互动关系。“文化先导力”不仅可以凭借基于现实的前瞻性和预见性，促进文化和文艺的大发展和大繁荣，而且可以通过文化方面的领航、指向和疏导作用，推动社会的全面进步和人的全面自由发展。

《文化力》一书并没有陷入“文化转向”后，对“文化研究热”的追潮赶浪，更不是局限在文化舆论层面本身对文化进行“高空作业”，坐而论道，而是从“文化力”的视野加以拓展与开掘，提炼出“文化先导力”这样一个最可宝贵的理念，从而集中且又深入地促进了当代中国的文化研究。作者把“文化力”置放在“文化场”和

“文化阈”中，特别注重“文化力”与现实生活和社会实践的亲缘联系，尤为强调“文化力”对现实生活和社会实践的驱动力和先导力，强调“文化力”对“以人为本”的“科学发展观”的推动作用。

《文化力》一书，提出“文化先导力”这样一个带有原创性的理念是最可宝贵的。这个最可宝贵的理念应当成为统摄全书的灵魂和主心骨，因而应当把这个最可宝贵的理念置放在更加突出的核心地位，使著述的重点更加突出。全书的结构还有待集中化和深刻化，新作中的每个章节所论述的各种“文化力”之间的关系还有待建构一种内在的深层模式，以便更加清晰地阐释各种文化力之间的有机的逻辑联系和学理关系。

作者为文艺理论家。曾任中国人民大学文艺理论教研室教授，文艺思潮研究所所长。现任中国人民大学文艺理论博士生导师。

让资源成为力量

王　石

“文化力”这一词语，是占祥的创造。

没有问题，文化的确可以而且应该是一种力量。

问题是，如何使文化产生更为巨大的力量。

读过占祥的新作《文化力》，就自然想到文化产业问题。事实上，占祥同志不仅是一位思考者，同时也是一位实践者。他作为中华民族文化促进会的主席，近年一直致力于文化产业的发展。

2005 年文促会举行首次“亚洲文化合作会议”。这次会议的共识之一，是同属东方文化的亚洲国家，应当加强交流与合作，以应对全球化、西方化的趋势。同时，与会各国的代表也强烈的感悟到，当今时代，谈论区域文化合作问题，如果忽略文化产业，将是不现实的，至少是不完整的。因为国家观念、民族传统、价值观、审美取向、艺术作品这些以往纯粹属于“精神”现象的东西，其存在形式和传播形式，业已在相当程度演变为与物质产品一样的文化商品。基于上述认识，2006 年 3 月，文促会又在天津举行了“亚洲文化产业论坛”。考虑到天津滨海新区是国家发展战略，并将成为继珠三角、长三角之后我国第三个经济增长极；考虑到滨海新区环渤海、辐射东北亚的区位特征，也考虑到国家文化产业发展和亚洲文化产业合作的必要，以及在北京大学、清华大学、国家发改委研究中心、韩国文化产业振兴院等学术机构和学者们的鼓舞下，文促会于该次论坛提出了在天津滨海新区创立“亚洲文化产业园区”的宏大构想。本会名誉主席、时任全国人大常委会副委员长的许嘉璐同志对此高度重视，不但亲临会议讲话，而且做出重要批示。在他的关注下，占祥主席于7月间率领部分海内外企业访问天津，就“亚洲文化产业园区”项目与天津市人民政府达成共识，并考察了面积相当于两个香港、一百个澳门的滨海新区。由于项目规模巨大，不少参与考察的企业家那时已经开始酝酿如何创立协作机制，“协作体”呼之欲出！而当滨海新区即将建设亚洲文化产业园区的消息披露后，山东、江西、海南等一些省、市则先后向文促会提出，希望本会协助他们规划和开发文化产业园区项目。至此，我们就认识到创立“文化产业（中国）协作体”势在必行！

创立“文化产业（中国）协作体”，是占祥的构想之一，其基本构架已体现于协作体“简章”。其发起与执行单位为中华民族文化促进会；其成员单位为矢志于发展国家文化产业的中国内地及港澳台地区的学术研究单位、高等院校、文化企业、投资集团、专业性文化团体及部分合作媒体；其基本任务是参与国家和地方重大文化产业项目，加快各类文化产业园区建设，并开展对内对外文化产业的交流与合作；协作体以自愿缔结为原则，实行平等互利、资源共享、协作共赢。占祥主席在致辞中积极评价了协作体形式对于事业发展的效能。我还想说，与其他组织形式相比较，协作体的特色还在于它的内部机制，各成员单位既有共同义务也有各自权利；既有共同目标也有各自选择；既有共同舞台也有各自角色。总之，是既有整一性，又有灵便性。虽然我们并无经验，但我们拥有几十家未来也可能发展为上百家富于知识、智慧、经验和创意的盟友，我们完全有信心走出一条成功协作的道路。

协作体创立伊始，我们就将与天津滨海新区签署一个合作开发“亚洲文化产业园区”的框架性文件。我们还将邀请亚洲各国、各地区具有代表性的文化产业领袖，在京、津两地举行以“全球文化产业状况及亚洲前景”为主题的第二次亚洲文化合作会议，并组织与会企业考察和商讨“亚洲文化产业园区”建设，以推进园区项目化进程。我们期待以天津合作为开端，逐步实践协作体的宗旨，并期待协作体在国家文化产业发展的巨大平台上扮演重要的角色。

恐怕让经济学家、科学家和文化学者们始料未及的是，以具有创意性的、新奇的技术应用和文化内容作为增值手段的文化产业，居然会在不长的时间内跃升为最有发展潜力的所谓朝阳产业，居然会在不长的时间内跃升为一些国家的支柱产业！相对其他产业，它名副其实地标志着一个国家的综合实力。它是文化的、科技的、创新的，又是产业化的、商品化的和充满竞争的。在国际交流方面，这种状态迫使我们不可能再像从前那样仅仅从文化层面和邦交层面考虑传统意义上的文化交流。因为文化交流在相当程度上已经体现为国际性贸易。顺差和逆差不再单纯地意味着经济的盈亏，而意味着价值观念、文化内容的输入与输出，意味着文化的强势与弱势、传播、覆盖面乃至话语权。国家的文化官员们不得不像商务部的官员们那样考虑同一类问题。当我们终于发现我们在物质产品上呈现贸易顺差而在文化产品上却呈现巨大逆差的时候;当我们终于发现我们常说的精神文明与物质文明,社会效益与经济效益已经合二而一于自己的和外来的文化产品的时候;当我们终于发现那些文化产业的强势国家几乎同时将中国视为一个无比巨大的市场,将十几亿中国人视为一个无比巨大的消费群体的时候,我们的心情不能不以"沉重"二字形容。尽管我们的时代每日每月都向我们提供惊奇,我们却无法像天真的孩子那样欢喜雀跃。因为那些惊奇赖以发生的创意、技术和内容并不属于我们。我们固然是分享者和消费者,但却不是发明者和创造者。我们还远不是一个极富创新能力的国家。我们暂时还没有足够的力量,像我们设想的那样,让中华文化走向世界。

面对文化冲击,与我们有同样感受,尤其为本民族文化而充满自豪的法国人,采取了可爱的"文化例外"政策。但与法国人一样为本民族文化而充满自豪的中国人恐怕不能偏执于限制、控制和抵制。虽然与发达国家比较,我们的文化产业"一小",即占有国民生产总值的比例甚小;"二慢",即比其他经济领域增长速度缓慢;"三弱",即自主创新能力薄弱。但在国际竞争无法避免的时代,作为 WTO 成员国,我们的选择只能是壮大自己!何况文化繁荣本来就是人类的终极目标。

我们是中华儿女。我们拥有丰厚的文化资源,我们拥有渴望文化的十几亿人民,我们拥有改革开放后迅猛发展起来的经济力量,我们拥有不甘人后的自强精神。而"十一五纲要"不仅为我们提供了方向性的路标,而且也为发展文化产业提供了强大的利好政策背景。

我们的祖先曾经创造了灿烂的中华文化。那是前人的骄傲,并不真正属于我们。我们能贡献什么，我们该贡献什么，让我们的后人为我们感到骄傲？我们究竟能否创造无愧于国家民族、无愧于前辈先贤、无愧于后代子孙的事业？对此，我们不仅需要说明，更需要证明！

我还想说，《文化力》一书的重要贡献之一，是提出了“文化先导力”的概念。这一概念涉及文化观念的层次。实际上在很多年里，我们把文化看作是一种附属于政治目的、经济目的、军事目的之下的一种工具性的现象，这种狭隘的功利观念在今天应该进行反省。文化的先导性实际上是不容置疑的，是许多人熟知的欧洲文艺复兴和启蒙运动引导产生工业革命的力证。实际上在历史演变的整个过程中都体现着思想先行，不这样看问题，所谓创造就找不到自己的位置，就只能停留于解释。一个只配充当解释者的文化，是没有创造力的。

作者为剧作家、文艺理论家。曾任教于解放军艺术学院，并受聘于北京大学、清华大学、中央音乐学院教授艺术理论。现任中华民族文化促进会常务副主席。

全社会都来关注我国的文化建设

——在《文化力》出版座谈会上的讲话

王明舟

首先，我代表北京大学出版社向牺牲了休息时间出席由中国社会名人工作委员会、中华名人协会、北京大学出版社联合举办的《文化力》出版座谈会的各位来宾表示热烈的欢迎和衷心的感谢！

文化是有力量的，我相信正是文化的力量才把各位聚集在一起，来到这个地方，畅谈文化力。

众所周知，经过近 30 年的改革开放，我国的经济发展取得了举世瞩目的成就，毋庸讳言，与此同时也出现了许多问题；另一方面，我国又处在经济全球化、各种思潮、各种文化不断冲击的环境下，解决现代化过程中所面临的各种问题，提高我国的软实力，显然都同文化建设密不可分。

胡锦涛同志在去年 11 月中国文联第八次全国代表大会、作协第七次全国代表大会上讲到："面对当今世界各种思想文化相互激荡的大潮，面对国家发展和人民生活改善对文化发展的要求，面对社会文化生活多样化活跃的态势，如何找准我国文化发展的方位，创造民族文化新辉煌，增强我国文化的国际竞争力，提升国家软实力，是摆在我们面前的一个重大现实问题。”在十七大报告中，胡锦涛同志进一步强调了文化的重要作用，指出：“当今时代，文化越来越成为民族凝聚力和创造力的重要源泉，越来越成为综合国力竞争的重要因素。”

北京大学出版社自1979年恢复建制以来，在中共中央宣传部、新闻出版总署、教育部的指导下，在学校党委和校长的领导下，始终坚持“传播知识、积累文化、繁荣学术、服务社会”的办社宗旨，在社会各界的关爱和支持下，出版了一批具有影响力的学术著作和文化典籍，出版了一批被广泛使用的优秀高等教育教材，在服务社会的同时，出版社也在不断成长，据前不久中国出版科学研究所的研究报告表明，北大出版社已跻身全国出版行业出版能力12强。

这次北大出版社有幸得到了占祥同志的赏识，将大作《文化力》赐予北大出版社，我们深感荣幸。为了及时，同时也为了更好地完成《文化力》的编辑出版工作，我们特地选派了北大社最优秀的编辑杨书澜编审带领一个团队认真工作，社领导也亲自过问，用了20余天时间较好地完成了编辑出版的工作。

北大出版社在党的十七大召开前夕出版占祥同志《文化力》一书，旨在推动全社会各行各业人士都来关注我国的文化建设，为提升国家的软实力做出贡献。这也是我社落实十七大精神的重要举措之一。

在此我还想说一点关于编辑出版《文化力》一书的感受：我们

编辑《文化力》一书的过程，实是受教育的过程。在这过程中我们感受到了一位政治家的胸怀、眼界；感受到了一位老领导对国家前途、命运的关心和责任感；感受到了一位学者对人类精神未来走向的忧虑和思考；更感受到了一位智者的精神人格魅力及深深的人文情怀。

《文化力》一书，作者用大量的材料论证了文化力在国家崛起、民族复兴、经济腾飞、企业发展中的地位和作用，以及对国家政策制定、企业未来战略规划的指导意义。在本书中对文化力作了条理清晰的分析，严谨细致的论证，并在此基础上提出了许多发人深省、富有创见的思想和观点，所有这些无疑具有很高的学术价值。

作者在本书中用灵动的文字，描述了文化在人类文明演进及个人成长中的意义和价值，从提高社会每个成员的人文素质，塑造美好形象，建设和谐社会方面着眼，是一本很好的人文读本。

在《文化力》一书中，作者用朴实的语言深刻地说明了一个道理：一个懂得尊重文化的民族，才会诞生伟大的文化；一个拥有文化的国家，才能拥有不断前进的力量。

最后，我想引用一段十七大报告作为我发言的结束：

> 当今时代，文化越来越成为民族凝聚力和创造力的重要源泉，越来越成为综合国力的重要因素，……要坚持社会主义先进文化的前进方向，兴起社会主义文化建设新高潮，激发全民族文化创造力，提高国家软实力，使人民文化权益得到更好保障，使社会文化生活更加丰富多彩，使人民精神风貌更加昂扬向上。

作者为北京大学出版社社长

树立文化建国的理念

胡　军

前一段时间有幸应邀参加了高占祥先生的大作《文化力》的出版座谈会。此书是由北京大学出版社近期出版。我所以感兴趣是由于我的专业是中国近现代哲学思想史。了解此段历史的学者都知道,西方文化思潮对中国传统文化的巨大的压力,使我们几无喘息的余地,所以中西文化的关系问题遂成为了百年多来中国学人急于想解答的核心问题。我的基本看法是,此一重大的文化问题不解决,我们是决计找不到出路的,只能是跟在别人后面拾人牙慧,亦步亦趋。使我感到困惑的是,社会的管理阶层竟有不知文化为何物者,遑论国家的文化建设这样的战略大问题。近几十年来,国人的兴趣不在文化领域。而高占祥先生的大作题为《文化力》,着重讨论的是文化问题,且高占祥是前文化部常务副部长,竟花费极大精力写作《文化力》一书,自己甚感钦佩。这就引起了我的很大兴趣,极想参加出版座谈会,听听别的研究文化专家的高见宏论。由于受到启发,也想谈谈了自己在文化思考方面的一些想法。

高先生在《文化力》一书中说:“文化是灵魂,经济是血肉。”

他的意思是说,文化与经济是密切相连,不可分割的。但尽管两者之间互相依存,其间仍有极大的区别,即文化是经济的灵魂,是经济的基础。其实不仅仅如此,文化也应该是政治的灵魂,是政治的基础。

文化既然如此重要,那么文化究竟是什么呢?

谁也说不清楚文化究竟是什么。据说关于文化的定义有三四百种之多。可见,文化的含义是极其繁复庞杂的。所以出现这样的现象,并不是学者的无能,而是文化本身确实很难以定义的方式来表述。我们说的文化是人的文化,凡是自然的东西,多少都与人相关。从广义说来,人的视听言动的结果无不是文化产品。这样说来,经济是文化,政治是文化,法律是文化,教育是文化,艺术音乐舞蹈体育也无一不是文化。总之,凡属人的一切莫一不是文化。

但细究文化的丰富意蕴,我们也自会发现,文化是有着结构层次的、系统的。对此虽然不敢下个定义,但罗列文化系统结构层次还是能够使我们大致了解文化究竟是个什么样的东西。学界的普遍看法是所谓的文化系统有如下的几个层次:第一,任何文化都是关于人的文化,是为了满足人的生活欲望和思想要求的文化。而人的生活可以粗分为物质的和精神的两个方面。物质生活是人的生活的最外围的方面,此一方面的生活又可进一步分为两个方面,这就是行为模式和器物文化。所谓的行为模式是说,人不是孤立的生活着,他是依赖一个群体而生活,这个群体就是民族。为了维持民族生活的安定团结,必须有共同认可的行为模式。器物文化是为了满足群体的人的吃喝穿住的需要而产生的工具、田地、房屋等。第二,为了维持既定的行为模式和器物文化,就有必要进一步制定各种具有稳定性和一贯性的制度模式，以便使本民族的行为模式和器物文化得以流传下去。政治制度、经济运行制度、法律制度、财务制度、教育制度、社会安全保障制度等等便是。第三，社会风俗、礼仪。第四，语言、文字。第五，文化最核心的部分是所谓的价值观或人生观。

我们在前面曾讲到任何人的生活都可以分为物质的和精神的两个方面。精神生活的核心便是人生观和价值观。按照通常的说法，西方文化的核心是基督教，中国文化的核心是儒家、道家的哲学。

上面所说的五个因素之间的关系是：

1. 这些因素不能够孤立地存在，它们是作为整体的文化的有机的组成因素而相互紧紧地联系在一起。我们可以分别地说它们，但事实上它们是紧紧地纠缠在一起的。

2. 从理论上、历史上看，价值观或人生观是文化中最重要的部分。这一部分决定着生活在某一文化系统中的人们的行为模式和器物文化特点，同时也决定着该文化系统内的制度模式。可以说，有什么样的价值观便会有什么样的制度模式、行为模式和器物文化。当然行为模式、器物文化和制度模式也会在一定范围内对价值模式产生影响，但此种影响并不具有决定性的意义。我们因此可以说，科技甚至制度层面的西化并不是必然会触及一个文化的价值系统的核心部分。

3. 文化的外在的、有形的因素如行为方式，器物的如服饰、发色等，甚至制度层面的东西可以有很大很大的变化，甚至语言也可以变化，但内在的无形的价值观或人生观，或者简单说人的思想的变化就非常困难，非常缓慢。

从上述，我们便可清晰地知道，文化的核心在于人的思想或在于人的价值观。在中国的传统文化观念中，国家的根基或命脉在于文化。经济建设和政治统治固然重要，但其本身并不是基础性的东西。任何政治和经济都是要建立在文化的基础之上的。没有文化为其源头活水，任何政治统治和经济建设都是不可能长久的。我们知道，汉元光元年，汉武帝举贤良对策，董仲舒应召，遂有著名的“天人三策”。在其第一策中，董仲舒说道：“故汉得天下以来，常欲善治而至今不可善治者，失之于当更化而不更化也。古人有言曰：临渊羡鱼，不如退而结网。今临政而愿治者 70 余岁矣，不如退而更化；更化则可善治，善治则灾害日去，福禄日来。”我们知道汉初统治者的政治指导思想是黄老之术，奉行的是与民休息的政策。经过 60 余年的休养生息之后，汉朝的经济逐渐走向繁荣，府库充实。可是在这繁荣局面的背后，却也存在令人头痛的隐患。可见，当时远未达到“善治”。董仲舒的意思是说，汉代统一之后直至汉武帝时，国家不应该仅仅停留在经济建设和政治建设，而应迅速从经济建设、政治建设转向文化建设。文化建设要成为政治建设和经济建设的基础。他所谓的“更化”的具体内容便是中国历史上著名的“罢黜百家，独尊儒术”。儒家思想也就因此成了历代官方的统治思想。到底应该如何来评价儒家思想在历史上的作用，这一问题不是我们在此所要关注的问题。提出这一历史事实，不是说儒家思想也应该成为现代政治的源头活水，而是愿意在此指出，文化建设应该成为我们当前的头等大事。

不但中国传统文化观念强调文化建设是政治和经济等及其他领域建设的基础，即便在西方，文化建设也始终是政治和经济建设的源头活水。19 世纪西方文化所取得的辉煌灿烂的成就无一不与文艺复兴紧密相连。而文艺复兴的核心内容恰恰就是人性、人权摆脱了神性、神权的禁锢得到了彻底的解放。于是，在西方首先出现的是文学、艺术、哲学等与人密切相关的学科的复兴、繁荣与发展。此种文化的繁荣和发展带来的是西方民主国家的兴盛和经济的突飞猛进。

可见，中、西历史表明，且理论也向我们指明，政治建设和经济建设的基础是文化。

董仲舒所提倡的“更化”上距汉之初兴约 70 年左右。从中华人民共和国成立的政治建设和经济建设也快近 60 余年了。现在的我们也始终是处在“临政而愿治”，但不曾“退而更化”的状态之中。再往前看，中国文化在西方文化咄咄逼人的攻势面前节节败退。为了应对西方文化，我们百年的现代史充满着种种的政治改良和革命运动。改革开放后的近 30 年又始终是以经济建设为中心。所以细细审读我们的现代史，我们所缺少的正是长期有计划有秩序的文化建设运动。不错，1917 年后的几年间曾有过一场影响深远的新文化运动，但也为时甚短，且逐渐演变成了政治救亡运动。新文化运动提倡科学与民主固然是顺应了当时的时代潮流，不幸的是人们往往将科学与民主摆在中国文化的对立面上来认识，认为“存其一，必废其一”，似乎必须全面地推倒了中国传统的文化，才有可能使科学与民主在中国生根。批判中国传统文化从新文化运动之后成为了主流意识。建国后我们又经过了两个决裂（与资本主义决裂，与封建主义决裂）的年代，“文革”对中国传统文化的致命性的批判，使我们国家的文化基础屡屡遭受劫难。所以一百年来，我们的文化建设始终未得到重视。而且我们现在的文化建设的环境远较董仲舒的年代复杂得多，也困难得多。董仲舒的年代传统文化从未遭遇过挑战，而近一百多年来，中国传统文化却始终受到西方文化的挤迫几无生存的空间。我们面临的文化建设问题简直是刻不容缓。经济建设固然重要，但却不能够代替文化建设。中国特色的建设应该是在中国文化关照之下进行。此种建设应该是全面的文化建设，决不是个别领域的建设。

还应该指出的是，中国的文化建设的方向应该突出以理性为基础的学术性。中国的学术不能够真正独立，那么中国的经济、政治、教育、艺术、法律等也就不能够真正地独立。此处所谓独立不是闭门自守，拒绝相互交流，而是指在国际政治、经济、学术思想等领域内的主导地位。这种主导地位需要我们首先重视基础学科，倡导社会在基础学科方面做出大量的投入。最前沿的学科所需要的人才我们自己能够培养，科学的尖端人才要能够有机会积极地参与解决国内外各学科所面临的问题。但急功近利的思潮却支配着社会上大部分人的头脑。他们重视技术，而忽略科学；重视应用性学科，不重视基础性学科；重视实际的社会的效果，忽视理论研究的作用；重视眼前的效应，而不重视或牺牲长远的目标，更有甚者竟为了眼前利益而牺牲了长远的利益。积极提倡文化建设有助于我们克服急功近利的短见。

作者为北大哲学系博士、教授、博士生导师

文化先导力的作用

安兴本

翻完《文化力》，我夜不能寐、浮想联翩。

首先想到上个月有一个雕塑作品影响了欧洲。这是一个法国人和中国人合作，为网球大满贯的冠军做的雕塑，用了兵马俑的身子和冠军的头。从这样一件作品可以看到一个文化力的形象力、创造力、辐射力。我讲一个文化力的时间过程。大汶口出土的陶器上有24个符号，号称汉字的起源。可以看到我们祖先的文化先导力。他们企图把自己在劳动和生产过程中，对于自然的观照，通过一系列的符号呈现出来，在当时是有先导性的。如果再往前推，我们看到人类企图把自己的理想和意念镌刻在岩石上，把岩石当成书。他们除了记住自己对于自然和劳动、社会的感受，也企图传导给后人。兵马俑是商鞅时代变化而来的，我们可以从中看到社会的变革，里面生产力的核心是文化力。再往后就是蔡伦造纸，这是一次革命，通过阿拉伯传到了欧洲，直到古腾堡印刷了一本《圣经》。直到人类找到了自己的载体，载体就变成了文化，成为了文化的 DNA,变成了一个链条。它不断地捆绑,捆绑的绳子越来越粗壮,它所产生的力量也是引导人们往前走的先导力。当我们考察了全人类的先导的文化过程,我们才能认识今天。

我们今天面临着一个加入 WTO 的时代,最大的影响是文化,问题是我们的文化力能不能变成软实力,也就是党的十七大报告里面讲的。新名词是有没有我们自己的文化产业群。甚至于有人把它提升到国家文化安全的高度。第一,在今天的国际化背景下,在市场条件下,任何一个文化如果不重新编码,不进入工业化流程,不进入市场,不能引起消费者的解码欲望,不能引起他持币购买的行为,那么其文化一定会被边缘化。第二,“一意孤行”才是今天创意产业的核心。高占祥同志提出的文化先导力的核心,就是创意。第三,今天的文化产业必须跟高科技相结合。第四,知识产权对人的尊重不是停留在口头上,而是有相配套的知识产权法规,保护文化力。文化力是具有先导力的。文化力的方向一定要准确。在文化力的概念下,我们想到,创意产业最重要的是跨界。创意产业的文化力最重要的是要落实到形象上。

作者曾从事青年工作,现从事文学、文化、经济与文化的关系的研究工作。现任中国社会科学院文学所研究员。

文化力影响文化产业

王齐国

文化力概念的提出，说明在中国经济日益发展的今天，文化的地位已经提升到一个新的高度，这对于中国的和平崛起和软实力建设十分有益。高占祥同志提出文化先导力的概念，很有意义。我认为，文化和经济相辅相成，可以把文化和经济作为中国腾飞的两翼来看待。从某种程度上说，文化对经济的发展起到了极大的促进作用。

我从文化产业的角度来评价文化力。我国的文化事业是为了提高国民素质而提供的公益性文化设施和文化活动，提供的服务基本是属于无偿的。而文化产业属于经济体系的组成部分，一定要产生经济效益。文化力作为一个文化资源，直接影响到文化产业的产品生产。但是，光有文化要素，不一定就能成为文化产业，文化产业需要创意。我们要重视文化资源的开发和利用。西部有很多的文化资源不能转化为产品，说明经济落后会制约文化产业的发展。加之创意不够，缺乏相应的人才，导致了中国西部地区虽然有非常丰厚的文化资源,却不能开发成为文化产品。

高占祥同志是作为一个官员成长起来的智者,我特别喜欢他的一句话:“童工当部长,想都不敢想,全靠党和国家来培养。”所以,他是很勤奋的智者,奉献给我们这么一本书,很难得。

作者现任北京大学文化产业研究院院长助理,研究员,国家文化产业创新与发展研究基地研究员,韩国文化院中方顾问。

文化先导力提供了我们思考的空间

张颐武

文化先导力的问题很有启发性。从目前全球化的发展看,文化先导的作用越来越被证实。文化的引领作用和开拓作用越来越凸显。实际上,经济需要的合法性,经济发展的国力,很大程度上要靠文化力量来拉动。

党的十七大报告讲的文化的大发展大繁荣正是意识到了先导作用,做了深入的论述。高占祥同志把它升华到理论上,加以发展。文化先导力的问题,现在最关键的是全球化问题和中国怎么发展的问题。解决文化先导意义在于两个问题。一个是所谓的合法性,你在世界上没有"说法"就没有合法性,现在这个说法基本上是美国的说法,全世界都同意。美国的东西确实很强势。如何建立我们的一套和普世价值接轨的论述的体系,话语的体系,是当务之急。另外一个是吸引力。你的东西得让人觉得好玩、有意思,让年轻人感兴趣,让世界上不同的人觉得有兴趣。我们文化吸引力怎么加强,这是我们走出去最大的问题。实际上我觉得中国文化的形象非常丰富，比如说姚明，他让美国人了解了中国，让中国人了解了 NBA。

一方面对于我们的基本价值，我们要最坚定地守护，另一方面也要灵活，灵活了才有出路。马克思主义就讲究灵活性和坚定性的结合。文化先导力确实给我们提供了很大的思考空间。这本书是高占祥同志从长期文化领导实践工作中提出的，价值很高，对于我们增加文化自信和文化自觉有重要意义。书里面提供了很多的文化资源，看起来像是百科全书。这本书要给学生和年轻人看，让他们看了后有价值观上的选择。也要给各级领导看，给领导看是要培养他们创造文化的自觉性。现在各个地方政府都在重视文化建设，如何做得更好，从这部书中可以找到不少理论和实践的参照与支持。

作者现任北京大学文化资源研究中心副主任，中文系教授，博士生导师。

文化先导力是敢为天下先的创新体系

金坚范

今天我是怀着激动、兴奋和惴惴不安的心情来出席占祥主席的《文化力》座谈会的。

占祥主席对诗文、书法、绘画、舞蹈等领域无不涉猎，莫不深追，且多有出彩之处，所以在朋友圈子里谈到他，无不用“多才多艺”来形容。但《文化力》这样一本31万字的理论著作放在眼前，“多才多艺”这4个字就不够了，人们怎能不惊叹于他的文化修养、理论功底及敏感性。

占祥主席以其惯有的敢为天下先的创新精神，广泛深入地发掘文化的巨大潜力，奉献出这样一本涵盖面宏阔、内容厚重的理论著作。此书语言平实朴素，论述时又辅以兴趣盎然的小故事，这样一种深入浅出的风格，再次显示了占祥主席位高不忘黎民百姓的平民意识。对这样一本书要作一览无余的全免论述，就我而言，肯定是力不从心，而且会适得其反，弄巧成拙，因此只好“投机取巧”，那就是“攻其一点，不及其余”，不揣冒昧地谈一点粗浅体会。

《文化力》一书的出版，是顺应时代发展的及时雨。当今世界，大家愈来愈重视文化的重要性，各国学者研究文化问题的也日见增长。胡锦涛总书记在党的十七大上的报告对文化的重视程度便是明证。他在谈到文化时用的小标题是“推动社会主义文化大发展大繁荣”。两个“大”字接连出现，凸显全党对文化的认识有了新的高度。《文化力》一书是学习、领会总书记报告的不可多得的参考读物。

胡锦涛总书记在报告中说：“当今时代，文化越来越成为民族凝聚力和创造力的重要源泉、越来越成为综合国力竞争的重要因素。”我想，这句话也可以这样理解：文化之所以重要，在于它的凝聚力和创造力。

对于文化，我们传统上受“文以载道”、“诗言志”，寓教于乐的影响，强调的是文化的娱乐功能、教化作用或者说价值取向的培育。文化的凝聚力便是这种教化作用的体现，因而凝聚力容易理解，以前大家也谈得较多。文化认同是凝聚的磁石。如著名学者唐君毅先生所说：“若问中国在哪里？就在诸位的生命里。要说认同，要先认同自己个人心中的中华民族与中国文化生命。”

文化对创造力的影响，说实话，先前鲜有涉及。而占祥主席明确指出：“文化最基础最核心的部分是思想。而思想涉及两个方面：一个方面是价值取向，一个方面是思维方式。”又说，“新思路决定新出路”；“改变思维，改变心智模式，就会有一片新天地”。占祥主席关于文化思维力的思考，关于文化先导力的思考，多有深刻、精辟的论述。艺贵创新。文艺创作的最根本意义就是独创一格，别出心裁。文化创新营造了社会创新的氛围，给其他方面创新以启迪，是其他方面创新的重要条件，而其他方面的创新又无不渗透着文化创新,体现着文化创新。

大科学家钱学森先生,多次呼吁“一个有科学创新能力的人不但要有科学知识,还要有文化艺术修养。没有这些是不行的”。他还以自己为例,说明“艺术上的修养对我后来的科学工作很重要,它开拓科学新思维”。

诺贝尔奖获得者杨振宁说:“艺术与科学的灵魂是创新。”

另一位诺贝尔奖获得者李政道也说过类似的话:“科学与艺术是一枚硬币的两面,连接它们的是创造性。”

对于文化与科技关系的再认识,对于文化是创造力的源泉的认识,折射出对文化更深刻更全面的认识。

我们这个民族想象力尚欠发达,我们的童话故事、科幻作品不如西方便是明证。近几年,一些红色经典和古典名著你方唱罢我登台的电视剧“重排”潮流,是我们原创力思维疲软,原创力实践低迷的表现。占祥主席《文化力》一书的出版,特别是关于文化与创新关系的多角度论述,无疑对建设一个创新型国家是颇有启迪的!

作者曾任中国作协书记处书记兼文艺报总编辑。现任中华民族文化促进会副主席。

文化先导力理论的意义

孟昭澄

文化先导力理论的重大意义,广泛而深远。首先,中国革命的胜利,改革开放和建设中国特色社会主义的伟大实践与成功,都是马克思主义中国化的光辉典范。时代的飞速发展,需要更多、更新、更大的理论成果来指引。文化先导力理论就是以辩证唯物主义为基础,以社会发展的实践为依据,以巨大的理论勇气和创新精神,第一次从哲学的角度鲜明地提出了文化对政治建设、经济发展、社会进步具有先导作用;第一次系统论述了文化对思想理论、意识形态、科技艺术和道德传统的引领作用;第一次提出了"文化力是软实力的核心"的论断。它明确指出:"文化力的先导作用无时不在、无处不有。""当代文化先导力,是哲学化时代的工具。""发掘文化力,是时代赋予我们的重要使命。"这一理论贡献,将在实践中放射灿烂的光芒。

第二,它是学习贯彻党的十七大精神,推动社会主义文化大发展大繁荣适时的辅导材料。30 年的改革开放,使我们取得了举世震惊的巨大成就。但是文化发展的相对薄弱与滞后日趋明显。针对日益激烈的文化竞争和文化破坏、文化安全等问题，党的十七大吹响了“推动社会主义文化大发展大繁荣”的号角。正逢其时，先导力理论对文化的内容、载体、资源、传承、意义、功能、作用和现状多角度、全方位的系统论述，不仅是对“推动社会主义文化大发展大繁荣”重要性、必要性和紧迫性的最好诠释，同时也对贯彻落实这一精神提出了具体方法措施和全面深刻的启示。这一文化理论的集大成者，内容之广、思想之深、事例之多、立意之新，可谓是想文化、做文化、发展文化、繁荣文化者不可不读的一本好书。

第三，对国防和军队建设具有指导作用。“和合文化是中国文化的精髓。”我们的祖先对人、对友、对邦历来以“和为贵”。新中国几代领导核心的军事思想、国防和军队建设方针，贯穿积极防御、后发制人、保卫和平的红线。人民解放军文明之师、正义之师、和平之师的美誉在全世界有口皆碑。军事力量归根结底以综合国力为基础，而在当今时代，文化越来越成为综合国力竞争的重要因素。“没有文化的军队是愚蠢的军队”，在高新技术飞速发展的今天，要打赢信息化战争，同样离不开文化先导力的指导作用。

作者曾任海军宣传部副部长。现任世界华侨华人社团联合总会副秘书长、中华名人艺术院秘书长。

特别重要的现实课题

——读高占祥新著《文化力》

储瑞耕

伴我度过今年春节长假的，是曾任文化部常务副部长的高占祥的《文化力》一书（北京大学出版社 2007 年 10 月版），加上赵超构、邓拓两本小传。

读《文化力》，或者说是向社会介绍《文化力》，我认为要点在于：这种对于重视文化力的呼吁特别的重要。之所以说“特别重要”，是因为，一、问题的本身重要；二、人们的认识还普遍不到位。

《文化力》开卷伊始就指出：“当今人类世界的文化张力发生着剧烈的震荡，原因在于现代人类文明的失衡。人类社会在拥有巨大的物质财富和物质能量的同时，却忽视了具有先导作用的文化力和精神智慧。世界闪烁着科技文明的光辉，而道德信仰的灯塔却显得黯淡。这种失衡现象，似乎令人有一种物质的巨人裹挟着精神的侏儒茫然前行之感。”作者据此发出急切的提问和呼喊：

“我们应该清醒、理智地注意这个时代的病症了。我们还能再漠视人们的心灵中所不能缺少的文化力、精神力的孱弱匮乏吗？不能！人类需要精神的升华，需要文化力把我们的精神从物质的、金钱的种种羁绊中解放出来。”

该书的绪论叫“文化是软实力的核心”。恐怕现实生活中仍有不少人对文化“软实力”不以为然，还在那里认为文化不过是文化人的事情。其实，文化是整个人类的事情，是全社会没有一个人与之无关的事情。广义的“文化”，包含了人类经济基础和上层建筑的“一切”，道德、心态、政治、民族凝聚力……皆在其中。文化是整个社会肌体健康的重要基因。

高占祥的这本书，给我的总的印象是：问题提得很中肯，很重要；作者满腔热情；涉及文化问题的方方面面，且旁征博引，知识十分丰富；写法上很灵活机动。应当说理论味不是很足，与其说是论著，毋宁说是随笔。而作为向大众普及的读物，我想：与其去弄许多人看不懂、看不下去、引不起阅读兴趣的论著，不如来弄一些轻松活泼人们喜闻乐见的随笔。

实际上，真正漂亮的随笔，其力量未必不及正儿八经的论著。记得上世纪70年代后期，王梓坤先生写了一本随笔《科学发现纵横谈》，对全中国的人们尤其是年轻人的解放思想，学习科技，追求知识起到了非常大的推动作用。我又想起了25年前的往事：1983年春节前后，我读了科威特女作家兼记者穆尼尔·纳素夫的小册子《愿你生活更美好》（解传广译，北京出版社出版，17万字），写法就是随笔式的。思想在灵动的文字、丰富的材料中体现出来。高占祥的这本《文化力》，其写法与它颇为相似。

《文化力》共分文化元素力、文化潜移力、文化吸引力、文化生产力、文化先导力、文化和谐力、文化凝聚力等21章，其“论”主要集中在各章的“导读”部分，而各章都有数节（少的3节，多的6节），节内又分几个小题，基本上是具体而生动的实例，中外古今的典故人事等等，作者以选叙材料的功夫和点评式的“论”来把道理讲明白。这样就避免了通常论著往往流于抽象、枯燥的弊病。

《文化力》一书中，有许多地方写得很优美，这是作者本身文化素养高的表现。如：“文化的传播有一种渗透的力量。像水在土地里缓缓流淌那样，先慢慢浸湿一片，然后再浸湿一片，逐步蔓延开来，形成一大片湿地、水泽，最后形成一片汪洋。”（33页）“小比大更如人意，窄比宽易有独钟，侧比正更能惊人。聪明的人不是拘守一个思维接触点，而是超越这个思维接触点，展开神思飞扬的想象。”（43页）“如果把我们的事业比作一只大鹏的话，文化建设、经济建设就如同两翼，不重视哪一方面都会出现倾斜。出现倾斜，你想让它飞得高一点，飞得快一点是不可能的。斜着膀子怎么飞呀？飞不上去就栽下来了。文化上不去，就会拉经济建设的后腿。”（143页）

《文化力》一书中，有许多警示性的内容应该引起人们的惊醒。如：“有了文化穷不久，没有文化富不长。文化能给人一种无穷的力量。”（86页）“平衡力，在经济上是协调发展，在利益上是共同致富，在文学艺术上是‘百花齐放，百家争鸣’。平衡是‘天下第一律’。”（207页）“文化负面力、破坏力常常是在无声、无形的态势中潜在发生的，常常是由渐渐的量变而到渐渐的质变，其突变的特征不很明显，但每当发现其负面力、破坏力之时，已非‘一日之寒’了。因而这种隐蔽性的破坏力就更值得我们细心地注意。防微杜渐，防患于未然。”（269页）

《文化力》鲜明提出：文化蕴涵着巨大的力。这种“力”不同于物理学上的“力”，因而人们更形象地将文化之力称为“软实力”。从本质上说，物理上的“力”，是人类用来“化”自然界的，而文化的“力”，是人类用来“化”自身的(2 页)。胡锦涛同志在党的十七大报告中专门列出一个部分来强调“推动社会主义文化大发展大繁荣”，而且明确指出“提高国家文化软实力”的问题。报告说：“当今时代，文化越来越成为民族凝聚力和创造力的源泉，越来越成为综合国力竞争的重要因素，丰富精神文化生活越来越成为我国人民的热切愿望。要坚持社会主义先进文化前进方向，兴起社会主义文化建设新高潮，激发全民族文化创造活力，提高国家文化软实力，使人民基本文化权益得到更好保障，使社会文化生活更加丰富多彩，使人民精神风貌更加昂扬向上。”

《文化力》集思想性、知识性与趣味性于一炉，把一个事关国家民族根本利益的大问题，生动活泼地鲜明地提到了读者的面前。作为微疵，该书有的地方时间概念不清楚，比如“前不久……”，“《三湘都市报》7 月 10 日……”(177 页)，“近日在《羊城晚报》见到……”(252 页)，“近日在报纸上看到……”(264 页)，这就使得读者弄不明白到底是什么时间了。这个问题不少书籍都存在，故而值得点出来以引起广泛的注意。

综上所述，“文化力”是一个非常重要的概念，怎样认识，怎样对待，怎样赢得和创造“文化力”，怎样发挥和驾驭好“文化力”，是一个时代性的大课题。我们如能认真地思考，自觉地实践，那就会大大地有利于我们在改革开放、经济建设和社会进步的实践中做并且做成功许多事情；不然的话，缺少了对文化力的思考和实践，我们就可能在实践中碰许多的钉子，遭遇挫折乃至失败。

作者为著名杂文家、学者

文化力与中国的未来

——读高占祥的《文化力》札记

何孔周

一、一本不寻常的书

有这样一本书，作者穿越了人类跋涉过的和正在跋涉着的经济社会漫长的历史隧道，揭示了当今世界经济与社会若想和谐的可持续的发展，就必须格外重视和特别推动“文化对于经济的先导性”作用；

有这样一部著作，作者审视了在经济全球化条件下，中国连续三十年的经济腾飞，既创造了让世界瞩目的经济奇迹，也由于“无所顾忌地征服、掠夺大自然”，造成了“中华躯体的大出血”，而“建设和谐社会，首先要学会与‘天’——大自然和谐相处，这是文化和谐力最主要的发力点。”

文化先导力，文化和谐力，这些新鲜的概念，闪烁着智慧的光芒。而率先提出这些概念的，是一本不寻常的书，是一部“文章合为时而著”的洞察历史、审时度势、拾遗补缺、颇有创见的著作。

这——就是摆在我们面前的前不久由北京大学出版社出版的高占祥的《文化力》一书。

《文化力》一书提出文化力，思考文化力，阐释文化力，其主旨就在发掘文化力，就在用先进的文化力去迎接、去追赶、去引领、去推动中国新经济时代的到来。

二、文化力与知识经济

人类社会已经经历和正在经历着三个时代：采集经济时代，农业经济时代，工业经济时代。未来，人类社会将要走进知识经济时代。

采集经济时代（上古时代）的生产力是人的肢体；农业经济时代（包括原始社会、奴隶社会和封建社会）的生产力发展标志分别是磨制石器、青铜器、铁器。此期间人类靠着简单的工具进行简单的劳动，其生产目的只是维持生存。因此，农业经济是属于生存性经济。

工业经济时代（包括资本主义社会和各种形态的社会主义社会）的生产力发展标志不同阶段分别是蒸汽机的发明，电气化和原子能，尖端技术包括生物工程技术、航太技术、电子电脑和咨询技术、纳米技术等等，其生产目的已不止是为了人的生存，而是为了追求利润。因此，工业经济是属于生利性经济。

工业经济在短短的二百年间，已经创造了人类历史上空前丰盛的物质财富，但同时，它也对地球资源进行了空前地掠夺再掠夺，对人类赖以生存的环境进行了破坏再破坏。因此，可以说，现代工业经济既空前地造福于人类，也空前地制造天灾人祸于人类。从天灾方面来看，由于人类对于地球资源肆无忌惮地挖掘，地层被掏空、山体大滑坡、大地板块移动、地震海啸爆发；由于废气的过度排放，大气变暖、环境污染、臭氧层穿洞、南北极冰川融化、海水上涨；由于森林资源、植被和水源的过度砍伐和消耗，水荒出现、陆地沉降、沙尘暴肆虐等等。《文化力》沉重而又无奈地写道：中国“已濒临近乎自我掩埋的严重状态”。从人祸方面来看，工业经济给人类创造了经济奇迹，同时也加剧了人类的贫富悬殊、两极分化，引发了地域矛盾，民族矛盾，阶级、阶层、不同利益集团的矛盾；由于各个国家之间经济发展不平衡，对于地球资源的拥有和消费不平衡，引发出一系列争夺市场、争夺资源的矛盾，引发出形形色色的跨国犯罪活动、恐怖活动、贸易争端、领土争端、边界争端、大小战争……应当说，现代工业经济已经开始走上了自我否定的道路。

那么，人类经济社会应该怎样变革才能让人类与地球和谐相处，共生共荣地继续向前发展呢？

人类正在寻找这个答案。其实，一个朦朦胧胧的答案已经隐藏在当今现代工业经济的发展所催生出来的基因工程、资讯工程、航太工程、纳米技术、克隆技术等一系列高新尖的科技成果——文化力的物质力当中了。《文化力》指出：“新经济形态是人类资源经济、注意力经济、创造力经济”，也即是联合国所定义的“建立在知识和资讯的生产、分配和使用之上的”“知识经济”。知识是自然科学、社会科学和哲学的总合,是文化的结晶和产物。在一定意义上来说,知识经济也就是文化经济。知识经济是文化力的精神力启蒙和驱动出来的,是文化力的物质力(教育、科技成果)衍生和转化出来的。在知识经济条件下,知识,文化,既是精神力量,也是物质力量;既是生产力,也是资本的构成部分,还是物质生产资料的再生资源;它不但解决经济活动的生产、交换、分配和消费问题,也解决地球资源的节约、合理使用、再生产和生态平衡的问题。因而,未来的知识经济将集生存经济、生利经济、生态经济于一身,将使人类从破坏地球的困境中挣脱出来,不但能创造出前所未有的巨大经济财富,而且能创造出前所未有的宜于人类居住的生存环境——万物共荣的地球。

《文化力》认为,"文化先导力,通过科学技术的创新和转化成为新的生产力;通过思想道德建设和科学文化建设提高人的素质,为社会的发展提供思想动力和智力支持;通过对社会实践的指导作用,实现社会经济制度与政治制度的优化,从而产生新的生产力"。这种认识是富有前瞻性的,是洞察历史发展的深邃的思想见解。

三、文化力与和谐世界

当今中国与世界所面临的经济、政治、文化、社会上的诸多错综复杂的问题,固然可以也应该分别逐个地、局部地、具体地加以考察、研究、剖析、解决,但更应该也更必要从更加宏观的整体的联系的全方位的大视野中,进行长远的战略的扫描,拓展出新的思路、新的理念、新的思维，而新思路、新理念、新思维就是文化力，就是文化力的精神力。《文化力》一书就凸显了作者本人对文化力与中国未来关系的思考，凸显了作者对用先进的文化力来促进中国发展知识经济、建设民主政治、构建和谐社会的真切的渴盼、思索和追寻。但作者并不是在那里坐而论道，故弄玄虚，说空话、废话、套话，而是紧紧抓住文化力不放，从文化力角度切入当今中国经济文明、政治文明、社会文明建设的错综复杂的关系中，为中国的未来发展自然地阐发了或者暗示了一条较为清晰的顺乎历史潮流的合乎时代民心的路径。

《文化力》认为，正是因为忽视了具有先导作用的文化力和精神智慧，才造成了现代人类文明的失衡，造成了当今“时代的病症”。而只有文化力才能把“我们的精神从物质的金钱的种种羁绊中解放出来”，才能使人类的精神得到升华。

为什么要这样重视与强调文化力的先导作用与和谐作用呢？

这是因为，随着文化力的发掘，随着新的知识经济的到来，社会经济活动已经注入了新的动力。新产业、新产品、新的管理机构和新的分配方式的出现，必将导致社会结构和上层建筑发生变化，以适应生产力的发展；必将促使人们加速扬弃过去时代遗留下来的旧传统旧观念和陈旧的思维方式，以实现观念更新，以让人们努力按照人类普世价值观念来塑造自己积极融入国际社会的理性的文化形象；必将缩小各地区各阶层人们的劳动差别、教育差别、收入差别，以实现地区和谐、民族和谐、社会和谐；必将要求更广泛的国际合作，要求经济一体化、地区共同体、科学国际化、文化多元化及融合化，进而也就推动了联合代替分裂、开放代替封闭、民主代替专制、对话代替对抗、和平代替战争的互利双赢（或多赢）的和谐世界的出现。

在未来的经济社会,社会阶级和阶层结构,必将发生根本性变化,如果说,农民是农业社会的主体,工人是工业社会的主体,那么,在知识经济社会,也只有掌握最新科学技术知识的知识分子才是最先进生产力的代表,才能成为社会的主体,而且是集工人、农民、知识分子于一身的新型劳动者。因为在那时,工农和知识分子的差别,体力劳动和脑力劳动的差别,城市和乡村的差别已经逐渐消失了,人类已经开始从后现代社会向世界大同时代逐步过渡。而这个令人无限神往的前景,正是也只是随着先进文化力的发掘,随着新的知识经济时代的到来而逐步到来的。

几千年来,人类一直憧憬并追求着世界大同,但如何才能实现世界大同,却一直没能找到一个明确的答案,中国的儒家学派创始人孔子及其弟子在《礼记》中主张,从伦理道德入手,选贤任能,讲信修睦,实现天下为公,但始终未能实现;英国的莫尔等人,提出通过合作经济(乌托邦),进入世界大同时代,也只能是昙花一现;共产主义运动实践也接连遭遇暂时的挫败。深刻的历史教训告诉我们:“文化是社会肌体健康的基因。没有先进文化力贯注和支撑着的政治,会产生强权专制或懦弱腐败,会产生迷信与盲从,甚至是冷漠、无情和残酷。没有文化力对于经济的推动,经济也难以维系持久的繁荣与稳定的发展。”我们只有高度重视文化力,大力发掘先进的文化力,切实地把中华传统文化中民主与科学的精华内容,与时俱进地与人类的普世价值观念融合起来,统一起来,并大力发展以高新尖科技为特征的知识经济,大力发展人与自然和谐相处的可持续发展的良性循环的生态型经济,一个实现了人的全面发展的没有两极分化,没有贫富悬殊,没有“天灾人祸”的真正的世界大同时代才有可能到来。

这个答案,也正是《文化力》一书以强大的逻辑力量提示给我们的。

作者曾任中国作协理论工作委员会委员,《文艺报》理论部主任、编审。现任澳大利亚中华民族文化促进会主席。

《文化力》:对文化传统历史定位的新突破

丘运庵

高占祥先生的新著《文化力》一书,已由北京大学出版社出版,并开始在海内外学术界引起强烈的反响。本文试从哲学、政治学、经济学和伦理学四个方面进行初步的探讨。

一、对“文化”历史定位的新突破
——哲学的探讨

《文化力》是一本不同寻常的书。其不同寻常之处首先在于:在哲学领域内,它突破了人们迄今传统理论上对文化这一范畴的历史定位。

• 传统的“文化”历史定位:文化=社会的意识形态

长期以来,人们总是习惯于把文化定位为社会的意识形态(亦称观念形态)。文化,只是指政治,法律,道德,哲学,艺术,宗教等社会意识的各种形式。辞书上对文化的定义是："文化是指社会的意识形态以及相应的制度和组织结构。"

按照人们习惯的文化定位，文化纯粹属于上层建筑的范畴，是第二性的东西。所谓"经济基础决定上层建筑，上层建筑反映经济基础。"文化，只能随着经济基础的发展和变革，或迟或早地随之发展和变革。并对社会政治和经济起不同程度的影响作用（或叫反作用），不能起决定作用。

- 文化的新定位

高占祥先生的新著《文化力》，把文化概括为"文化力"，这就把文化从一种社会意识形态，提升到了物质与精神相统一的高度。在高占祥先生看来：

文化力 = 物质财富 + 精神财富 = 物质文明 + 精神文明 = 经济基础 + 上层建筑；

高占祥先生把文化力分为两部分：

其一，文化，作为社会上层建筑，意识形态，是人类社会的精神财富，属于软实力。它是决定和影响着社会前进方向的强大精神力量，我们可以称之为精神文化力；

其二，文化，作为物质财富，是指人类在社会历史实践过程中不断有所发现，有所发明，创造出来的最新最高最尖的科学技术，是人类社会的物质财富，属于硬实力，我们可以称之为物质文化力。

文化力 = 精神文化力 + 物质文化力

这样，我们就可以从哲学的高度，得出如下结论：

a. 思维和存在具有同一性，思维和存在在实践中实现同一。因此，实践是检验真理的唯一标准。

b. 经济基础和上层建筑具有同一性，经济基础和上层建筑在文化中实现同一。因此，文化是人类社会发展的原动力。

在这里，文化，既是人类社会发展的原因，又是人类社会发展的结果。

人类社会中，凡能够把人和动物区分开来的一切行为、现象和造物，都是文化现象。

妙哉，文化；妙哉，文化力。

高占祥先生把文化定位为文化力，是充满睿智的。这一文化新定位，在哲学方面，具有突破性的意义。

二、一本不同寻常的书出现在不同寻常的时代
——国际政治的探讨

回顾20世纪一百年的历史，抛开极其纷繁的具体历史事件，不外有两大特点：

1. 20世纪是人类向科学技术进军，取得史无前例的伟大胜利的世纪。

20世纪中期以来，陆续出现了原子能，生物基因和细胞工程，信息技术工程，航天工程，纳米技术等一系列最高最新最尖端的科技成果，成长出了最高最新最尖端的物质文化力。

2. 20世纪是人类社会斗争最激烈，最残酷的时期。人类社会处于史无前例大动乱的世纪，不断的战争、革命、运动、恐怖、分裂……；人类处于少年“好斗”时期，人性迷失、天良泯灭、死人无数，是人类空前绝后的最最黑暗的时期。20世纪的世界，是科学巨

人,人性矮子。

我们在经历了20世纪科技大发展,社会大动乱之后,有幸进入21世纪。当前,正是痛定思痛,进行世纪大反思的时候。我个人反思的初步结论认为,20世纪出现科技大发展、社会大动乱的根本原因是:由于文化力的错误配置——经济上的最高最新最尖端的科技生产力,配置了政治上的大民族主义,大国霸权主义,军事扩张主义,法西斯主义,封建专制主义,暴力斗争理论……

举例,现代工业经济由于文化力的错误配置,最高最新最尖端的物质文化力,错误配置了"以追求最大利润"为目的的精神文化力,造成:

两极分化空前加剧;

掠夺资源和市场的矛盾空前加剧;

地球生态大破坏……可以说工业经济时代"既是天堂,又是魔鬼"。

现在应该是:

人心思进:但愿科技大发展,会带给人类经济大发展,社会大进步,生活大改善;

而不是人类大残杀,资源大掠夺,地球大破坏;

人心思定:经过整个20世纪无休无止的大折腾,全世界对于流血已经深恶痛绝。

世界正在寻找出路,但愿小小的地球村,从此实现民族和睦,社会和谐,世界和平。

出路何在?我的意见是:成也萧何,败也萧何,还是要从文化力的配置上进行探讨。

正当全人类进行世纪大反思的此刻,出版高占祥先生的新著

《文化力》,理所当然地引起国内外的强烈反响。深入探讨《文化力》,对我们祖国的物质文明建设和精神文明建设,以及中国回归国际大家庭后,如何与当代世界潮流全面接轨,乃至对21世纪整个世界政治走向的研究,都具有深刻的启发和指导意义。

三、关于物质文化力——经济学的探讨

按照高占祥先生的意见,作为硬实力的文化力,物质文化力本身,就是生产力,而且是最重要、最先进的生产力,是一种直接的客观的物质力量。

为什么文化力本身就是生产力?

历史唯物主义告诉我们,人类社会的发展、更替,都是由科学技术亦即文化力引起和推动的:

采集经济向农业经济过渡,是由于青铜器和铁器等金属工具的发明发现,形成了新的生产力即文化力;

农业经济向工业经济过渡,是由于蒸汽机的发明,机械化、电气化的实现,蒸汽机、机械化、电气化,就是文化力,就是生产力。

20世纪70年代以来,信息技术,生物工程,航天工程,纳米技术等一系列最高最新最尖端的科技成果,成长出了最高最新最尖端的文化力。这种最高最新最尖端的文化力,已经冲破了工业经济的传统模式,暴露了工业经济的致命伤。

• 最高最新最尖端的文化力,必将促进人类社会从工业经济→知识经济,从“生存型”经济→“生利型”经济→“生态型”经济。

国际经济学界一致认为,一个“建立在知识和信息的生产,分

配和使用之上的”被命名为“知识经济”的新时代，即将取代工业经济时代。我们所说的后现代，即将到来。

• 知识经济时代的新特点

1. 最新科技知识，即物质文化力，将给经济活动不断带来新的生产力，新的原材物料，新的产品，以至新的产业，使经济活动冲破了时空限制，从宏观扩向宇观，从微观深入幽观，从地域扩向全球，把现代经济推向更广大纵深的新路。

2. 最新科技知识，即物质文化力，将能解决工业经济造成的人和大自然的尖锐矛盾，通过修复和保护自然资源，妥善解决污染问题，保持生态的良性循环，使地球村恢复青春美丽。

3. 所有劳动者，都是由新的文化力武装起来的知识分子，是融工人、农民和知识分子于一身的新型阶级。到那时，工人、农民和知识分子的差别，脑力劳动和体力劳动的差别，城市和乡村的差别也将逐步消失，人与人的关系，将由剥削被剥削的关系，转变成为分享物质文化力创造的经济成果的关系；

4. 最新的文化力，特别是信息技术的发展，将突破地域和时空限制，促进国际之间的经济、文化、科学技术合作，实现全球经济一体化。

5. 知识经济，还将促进国际人道主义福利事业的发展，共同对付各种天灾人祸，保护人类的生存发展。

四、关于精神文化力——伦理学的探讨

精神文化力涉及社会意识形态的方方面面，包括政治学，社会

学,哲学,文学,心理学,宗教学,法律学,伦理学等等。高占祥先生的新著《文化力》,把精神文化力细分为20种:

1. 文化元素力;2. 文化潜移力;3. 文化吸引力;4. 文化影响力;5. 文化竞争力;6. 文化创造力;7. 文化思维力;8. 文化先导力;9. 文化孵化力;10. 文化和谐力;11. 文化和合力;12. 文化微调力;13. 文化平衡力;14. 文化钝感力;15. 文化形象力;16. 文化破坏力;17. 文化安全力;18. 文化扬弃力;19. 文化凝聚力;20. 文化永恒力。

对于这些力的内涵和它们之间的细微区别,都有生动形象的论述。

我在这里只谈精神文化力的一个核心问题——人的价值观。

价值观是人文科学的一个基本范畴。人文科学是研究与人的利益有关的科学。价值观是世界各国人民在历史发展中形成的对经济的,宗教的,科学的,艺术的,道德的,伦理的一种价值判断。所以,价值观是社会意识形态的核心。

一个人的价值观与个人的爱好,欲望,利益,志趣有关。一般地说,不同国家、不同种族、不同阶级、不同宗教信仰的人民,有各自不同的价值观,我们可以概括为阶级价值观。

必须特别指出的是,不同国家、不同种族、不同阶级、不同政治和宗教信仰的人民,对现实世界,还有一种普遍认同的最一般的伦理道德理想和观念,人们已习惯称之为普世价值观。用伦理学的术语说,就是“道德共识(Moralconsensus)”、“全球伦理”,或叫“共同善(Commongood)”。

例如:人类对于世界大同的憧憬,就是一种普世价值观。从中国儒家的“天下为公”“礼运大同”,陶渊明的“桃花源”,到西方社会学家莫尔的“乌托邦”，欧文的空想社会主义和马克思的《共产党宣言》，都向往着一个真正的大同世界。又如：民主自由、人权法治、人道主义、和谐社会，也是普世价值观。从孔子的“仁义道德”，孟子的“以民为本”，墨子的“兼爱”，到释迦牟尼的“慈悲”，耶稣的“爱世人”，费尔巴哈的“人本主义”；从古典哲学家提倡的“真、善、美”，到1789年法国《人权宣言》提出的自由、平等、博爱，……也都逐步发展成为一种普世价值观。

为什么会有不同国家，不同种族、不同阶级、不同政治和宗教信仰的人民普遍认同的普世价值观？

一方面，是由于人具有两重性——自然性和社会性。

诚然，在阶级社会中，每一个人都在一定的阶级地位中生活，具有阶级性；但每一个人又是一个自然生命体，都面对生老病死，都有七情六欲（喜，怒，哀，惧，爱，恶，欲）。

人们在阶级斗争实践中，容易形成阶级价值观；在生产斗争实践中，在同自然界的斗争实践中，容易形成普世价值观。孔子的“有教无类”教育观，“己所不欲，勿施于人”的道德观，孟子的“恻隐之心，人皆有之；羞恶之心，人皆有之；是非之心，人皆有之”，这都是普世价值观。

另一方面，普世价值观是在各个不同时期，由社会生产关系的矛盾各方在长期复杂的共处，斗争，较量，角力，磨合中形成的。

人们在生产斗争，阶级斗争和科学实验三大实践中，结成了一定的社会关系。例如，人们在战争中，结成了敌我双方的关系；人们在商业活动中，结成了买方和卖方的关系；人们在国家关系中，结成了统治与被统治的关系，君臣的关系，阶级的关系，民族的关系；等等。

在战争中，敌我双方在“你死我活”的角力中，终于磨合形成“和平共处”的观念；在商业活动中，买卖双方在“你虞我诈”的角力中，终于磨合形成“买卖公平”的观念；在国家政治活动中，统治方和被统治方，在“专政独裁”与“反专政独裁”的角力中，终于磨合形成“民主法治”，“民族共和”这一类的共同承认的价值观。

奥运会提出一个口号：“同一个世界，同一个梦想。”也是在体育运动领域长期复杂的角力中，终于磨合形成的一种普世价值观。

可见，普世价值观是人们在一定的社会关系中，通过斗争，角力，共同认可，共同遵守的一种多元性，综合性的文化结晶。

阶级价值观与普世价值观是同时存在，互相依存的一对矛盾统一体。人们常爱说“求同存异”，人的普世价值观，就是同；阶级价值观，就是异。我们可以列成一个公式：

普世价值观 =“求同存异”+“和而不同”。

一个家庭的成员之间，一个国家的社会阶层之间，民族之间，乃至各个国家之间，能够“求同存异”+“和而不同”，就会和谐，稳定。否则，就会发生矛盾，冲突，战争，动乱。

那种认为在阶级社会中，人只有阶级性而没有共同性的人性，只有阶级价值观而没有普世价值观的观点，是不符合历史唯物主义，不符合辩证法，不符合客观实际，不符合人类的共同利益的。以阶级价值观否定普世价值观，是一种知识偏见。

随着人类文明的提高，人们将总结少年“好斗”的历史教训，普世价值观将逐步取代阶级价值观，成为世界各国政府和人民一致认同，共同遵守的伦理道德理想和观念，这将是一个伟大的历史潮流。

大力提倡普世价值观的现代先驱是甘地。他说：查阅各大国的国歌，我们发现歌词多含有对敌人的诅咒。我们感到统治野蛮世界的法则有悖人类尊严。……全世界对于流血已经深恶痛绝。世界正在寻找出路，我敢说，人类一定能为这饥渴的世界找到出路。

另外，我们高兴地知道，还有一个通过对20世纪战争和杀戮的反思，正面向全球提倡普世价值观的文本：1993年世界宗教议会通过的《走向全球伦理宣言》。

《宣言》的基本概念有四：

从性质上说是道德的；

从范围上说是全球的；

从内容上说是公认的；

从程度上说是底线的。

《宣言》的基本见解有三：

人其人：每一个人都得到人道的对待；

己所不欲，勿施于人；

四不：不杀人，不偷窃，不撒谎，不奸淫。

当然这还只是最少主义伦理，底线伦理。但我们已经从中看到了普世价值观的核心——人性（人其人），已被提到全球伦理的首位，成为世界各国政府和人民一致认同，共同遵守的伦理道德理想和观念，这是人类大力提倡普世价值观的伟大开端。

大力提倡普世价值观，也是我国进行物质文明建设和精神文明建设的一项伟大战略任务，是实现经济繁荣，政治民主，文化进步，民族和睦，社会稳定，国际合作，世界和平的必由之路。

我还要建议：

1. 大力提倡普世价值观，要做文化价值观的相对主义者，不要做民族中心主义者。要用“他者的眼光”看待他人的文化，要推人及己，而不是推己及人；

2. 要做社会认识论的普遍主义者。普世价值是人类精神文明的结晶，我们要有普遍认同的意识。不要把普世价值观等同于贩卖“西方民主”。也不要用中华民族的价值观，代替全球伦理，强加给全世界。

作者曾任中国广东金融研究中心主任，高级经济师

什么样的文化更具有生命力

郭生祥

我的孩子与我弟弟妹妹们的孩子相比较,她对自己的母语文化明显地比生活在国内的堂兄妹要自信些。而她的堂兄妹,别看都是十几岁的孩子,只要谈到中国则多数落中国文化这不好、那不好,似乎真有外国的月亮要圆些的感觉。

澳洲不少科学院所,多年来有意地吸收有多元文化背景的人。这样可以尽可能从不同的角度观察事物,对于揭示事物的真相是更有益的。

澳大利亚文化叫多元文化,显然还是英美文化主导下的多元文化。尽管如此,大多数人的普遍经验告诉我们,在这个模式下,只有那种更具有包容性的文化才是更具有生命力的文化,而这种包容性也存在着对主流文化的挑战。

一、几则故事中的文化异同现象

下面先讲几则关于文化的故事，通过这几则故事对文化异同来一个较为形象化的比较：

第一个讲我与农村稍有点文化的老伯关于文化的对话。

我的伯父是农村之中少有的读过十年私塾的老人，算得上是乡村没有科举的穷秀才。他有幸活到前几年刚去世。去世前，由于靠近城市郊区，家乡小小地发达了一点。结果老人家整天唉声叹气说物质富了，文化却没有了。这该怎么办？我问伯父，在你心目中文化是什么样的？难道街边的网吧不是文化？音像店卖的音像制品不是文化？大鱼大肉、好吃好喝不是文化？他说：亏你还是留洋的博士，什么是文化还不懂。这些乌合之众算什么？

你大老远漂洋过海回来过春节。春节是中国人的理想与信仰、物质与精神的大汇总！这春节才是文化。那是家庭亲情文化、孝敬文化、人与人和谐文化（叫花子都有三天年）、商品食物繁荣竞技文化、信仰崇拜禁忌文化、人与自然和谐相处文化（提倡繁荣，反对铺张浪费），那才是大同文化的缩影。过年，年是什么？原来中国人信仰天神；再后来崇拜自己的祖先，希望自己的祖先把自己的喜怒哀乐转告给天神，保佑自己；后来在农耕时代，依靠畜力，就崇拜龙以及十二生肖；开始我们的祖先点火驱赶年魔，现在人们过年敬仰年神。春节过年从黄帝时代就开始，过年就成为了中国人的信仰，就是中国人的大同社会。比宗教信仰水到渠成，比共产主义和谐自然，这就是中华文化的集大成。你小子不懂吗？这就是中国人的大文化！

第二个故事讲我与一位老市长的对话。

有一次我对一位刚退下的老市长朋友讲，你以前是学理工科的，对于地矿很有研究，退下来为什么非要学朱总理去拉二胡呢？他说，那是文化，传统文化。你不懂吗？

难道你就不能搞一些地矿调查和科学研究之类的事。人家富兰克林从总统位荣休后，就搞一个实验室，像图书馆、纸钞的防伪纹路都是他发明的，很多人不知道他曾经担任过总统，但很多人知道他是大发明家。你在位的时候那么忙，还发表过有一定学术水准的地矿文章呢！现在何必非要从头学起，去抚弄风雅呢？他说，那不是文化，是科学。

中国每次发展起来后，在一个农耕文明的莺歌燕舞里，缺的不是闲人文化，什么琴棋书画、吹拉弹唱充斥了我国台湾的故宫博物院。缺的恰恰是调查、统计、实验、观察、对比、分析之类的科学文化。偌大一个博物馆还真的少几件“天工开物”呢！不缺乏皇上、状元之类的人，但是科学家、发明家、思想家之类文化大家的确很缺乏。

可惜老市长不懂高占祥先生在《文化力》一书中谈到文化的时候对文化的分类，他把文化在硬实力中的作用归结为先导力，在软实力中的作用归结为主导力。

其实，更广义地说，科学就是文化。

二、中西文化各有自己的历史继承与历史优势

不管对文化如何演绎，毋庸讳言，文化有落后与先进之分。尽

管文化都来源于历史和现实、物质和精神，但是都对于未来寄予了各自的基础与条件、逻辑与展望。在这个逻辑和展望之中，的确有高低之分、先进与落后之别。正如落后的文化对于人类发展有阻碍力一样，先进的文化对于人类发展有先导力。但是如何分辨先进的文化，如何从善如流，则是人作为文化人的要义。而选择的结果便体现了文化的高低之别。

由于文化随着文字的诞生而开始了第一次大规模地扩张，而大部分文字都是诞生在从游牧向农耕过渡的历史时期，这个时候的文字集中记载了这个变迁，也集中反映了这个时代先进替代落后的过程。比如工具的改善、物质的繁荣、礼仪的建立、社会的管理、人的伦理道德、价值观念、国家的诞生、信仰的确立，一切文明的基本构架和主要要素都集中诞生在这个时期。而这个时期又不可避免地集中地记录和反映了新旧文化交替的激烈冲突。所以，直到今天人们一说到文化，往往喜欢把其中沉淀下来的主要文化心态，就是包含于核心价值之中的竞争之传承与创新理念，传导、外化、表现出来。

文化有几个大发展时期，从词语的变化之中都不难显示出一点端倪，比如在人类初期，有的学者称之为庙宇文化时期，跨越了新旧石器、铁铜文化时期，而后期则是采集狩猎之游牧文化时期，再就是农耕文化时期，后来是资本与科技文化时期，现在进入一个新的知识、信息时代，有的人概括为信用文化时期。在这些文化时期，分别都有先进文化的代表，比如四大文明古国、西方文明、现代文明，等等。

从文化的演绎可以看出，只有把这些异同文化推向极致，极大地分、极大地散、又极大地统一的文化才是具有顽强生命力的文化。

如果说中华文化是代表农耕文化的话，那么西欧南欧文化在文艺复兴之后则是代表工业文明的文化，而新大陆被发现之后，以美国为代表的西方文化则是人类自我觉醒的自由文化的价值代表。

三、分工与文化

对于文化的定义有很多，许多社会学家和人类学家都下过定义。曾有学者做过统计：自1871—1951年的80年里，关于文化的定义有164条之多。人类学的鼻祖泰勒是现代第一个界定文化的学者。1871年，泰勒在《原始文化》一书中对文化的定义为：文化是复杂的整体，它包括知识、信仰、艺术、道德、法律、风俗以及其他作为社会一分子所习得的任何才能与习惯，是人类为使自己适应其环境和改善其生活方式而努力的总成绩。

人类文化的大飞跃时期则往往是人类社会大分工的时期。早在原始社会时期，人类形成的第一次分工，就产生了农业民族和畜牧民族，但早期文化都是在农业民族中产生的，因为畜牧民族要逐水草而居，居无定所，不容易产生大规模的聚居，对文字没有迫切的需要；而农业民族容易形成大部落，因为兴修水利需要大量协同工作的人群，所以最早的大国家和奴隶制都产生于农业民族。有了大国家和奴隶制才能产生大批聚集的有闲阶级，他们发明了文字，促使人类形成了脑力劳动和体力劳动的第二次分工。从而产生了狭义的文化。

人类社会又在不断地分工与组合，此后则是统治者与被统治者的分工，从而产生了国家。接下来又是宗教和世俗生活的分工，从而产生了信仰与理想。再接下来是文化艺术与科学技术的分工,从而产生了不同的财富形态。最主要的分工是资本所有权与经营权的分工,产生了效率和效益空前进步。今天是信息和传播的分工,创造了一个繁荣的信息时代。在这些分工后面,又是普世价值的融合,比如自由、民主、博爱、人权、代议制、三权分立、政党政治等成为人类社会文化进步的总体象征。

四、什么样的文化较为诚信、正义、创新

如果人们选择生活在一个较为恶劣的环境里是不是就容易产生奋斗的压力?在中国有句古话叫“多难兴邦”,而那些弹丸之地、相对来说多些天灾的日本、英国等岛国为什么总是走在大陆国家的前列?为什么温带较之热带、寒带更适应人类生活,人类文明最初的足迹几乎都诞生在这些地方?难道是因为这些地方气候多变、环境恶劣,造成了更强迫人进化的环境和条件?比如在自然条件下,从海洋到森林,从无机物到有机物,从森林里的猩猩进化到草原上的人类、从草原上的游牧社会进化到农耕时代的封建社会,从封建农耕时代的瘟疫短缺又进化到近现代科学技术的昌明繁荣,显然都伴随着人类的生存环境一个比一个恶劣,而人类的文明却一个比一个进步。

但是这些进步到底是体现在哪些方面呢?

实验测试表明,生活环境较为恶劣的地方,人们的警惕性高些,大脑反应程度活跃些,趋利避害的经验和自觉性要高些,于是人类的群体组织和生活要强烈些。

但是进一步深入一点的实践表明，如果人类的组织活动没有信仰，到一定时候人类组织系统带给人类的恐惧要强于自然界带来的恐惧。

从岛国和自然环境恶劣的地方来到澳大利亚生活的人们普遍对于自然的警惕性高于对社会组织的警惕性，他们的测试指数是最高的，而生活在大陆的民族，人们的警惕性主要来自对社会组织的恐惧，比如中国和法国的指数是较高的。而中法两国中有信仰的人比没有信仰的人其诚信和正义度高些。

对自然恐惧的民族诚信度高于对社会恐惧的民族，其正义感表现程度同时也要高于对社会恐惧的民族。

而同样是在大陆生活的民族，有没有宗教对于恐惧和诚信的感受也是不一样的。有宗教的民族对于生死、盈亏、悲喜要更多些理性和平和；没有的话，则多些恐惧，并且表现在诚信方面也是有差异的。有宗教信仰的人士相对来说要客观性、从容些、坚定性；没有的话则相对疑惑些、慌张些、迟疑些。

如果把自然、社会、宗教、物质的因素都加入进来考虑，它们对于人们的诚信度影响程度依次是：社会（包括法制和民主）、物质（包括盈亏的程度以及分布状况）、宗教（对于生死的看法以及对于未来的信念）、自然（自然环境和条件供给的好坏盈亏与否）。显然这个顺序不是天生就如此的，比如至少在化石和考古、古代文选中，早期的人类可能要依次如此排列：自然、物质、宗教、社会。甚至早期社会里，整个神话、原始宗教就是一部恐惧、迷信、幻想与谎言的混合体。

从这些简单的要素对比之中，可以观察到不同的要素对于人的诚信和正义之文化产生的不同的选择。

五、什么样的文化较为先进

通过对不同文化的比较研究，人们总结出文化的主要特点如下：

首先文化是私有与共有、个性与共性的结合，它是私有创造、使用的，但是又体现为一系列共有的概念、价值观和行为准则。它是使个人行为能力为集体所接受的共同标准。文化的私性与公性、个性与共性构成了社会与价值。没有社会就不会有文化，但是也存在没有文化的社会。没有共性与个性的结合就没有价值。

第二，在同一社会内部，文化也具有一致性与不一致性。例如，在任何社会中，男性的文化和女性的文化就有不同。但是他们又都是人，遵循人的共同规范，具有文化的一致性。

第三，文化既是学习得来的，也可以是通过遗传而天生具有的。即使生理的满足方式是由文化决定的，每种文化决定这些需求如何得到满足。从这一角度看，非人的灵长目动物也有各种文化行为的能力，但是这些文化行为只是单向的文化表现。只有人可通过模仿、系统地学习，再到教育，才能系统地传承文化。

第四，显然最重要的是，文化作为相互关系的个体与整体，不断在其中发现先进性，再推动一体化的趋势。文化的整体性，包括为发展而整体（个体），也包括为整体（个体）而发展。而这个整体与个体不断交织在一起，越个体，可能越代表整体。这就是歌德所说的："越是民族的，越是世界的。"这也符合广义信用对文化的界定，越是分散的，越是集中的。越集中、越分散。

第五,那么未来文化有多少"一体化",就有多少"个体化"。这个过程要么是同步完成,要么是差异化后再通过平衡来完成。总之,在这个文化的异同发展趋势中,未来先进的文化在这个广义信用之中毫无疑问就具有主导性、先导力。在建设这样一种广义信用下的先进文化过程之中,文化都在彼此博弈,既求同存异,又不断彼此消长,都以自己的生命力来彰显在共同发展、差异发展中的地位和能力。

总结文化的这些分类与研究,固然还是有差异文化突出发展的时候,但是更多的时候还是整合异同文化突出发展,显然最好的文化就是体现极大的分散与极大的统一的一种工具与载体文化。这种文化就是信用文化、和谐文化、包容文化。未来的普世价值文化,继自由、平等、博爱、民主、人权之后,可能就是信用、和谐、包容这样的普世价值文化。

华人文化在这个过程中,就可能找到自己的位置与前途。

六、在市场中文化的位置

如果从价值的角度定价物质,或者反过来从物质的角度落实价值,会得出两个方向相反的不等式。从虚到实,是效率和效益的进步,最后是发现物质和工具的最大化;从实到虚,同样是效率和效益的进步,最后是发现价值和价格的最大化。这两个不等式的博弈,交织着只有进步才是进步的途径与渠道;只有发展才是发展的途径与渠道。

前者的不等式为:物品经济≤商品经济≤权力经济≤资本经

济≤技术经济≤信息经济≤信誉经济≤品牌经济≤标准经济≤价值经济≤信仰经济。

后者的不等式为：信仰经济≤价值经济≤标准经济≤品牌经济≤信誉经济≤信息经济≤技术经济≤资本经济≤权力经济≤商品经济≤物品经济。

这两个不等式在观察与应用的时候，可以结合起来，也可以分开来，还可以系统地交织起来。比如仅从信仰经济这个环节，如果反过来从物质的角度定价价值，那么信仰经济显然不如易货贸易实在，这样接下来的物品经济依次也是物品经济≥商品经济≥权力经济≥资本经济≥技术经济≥信息经济≥信誉经济≥品牌经济≥标准经济≥价值经济≥信仰经济。反之，从虚拟放大价值的角度又是相反的不等式。

把这样一个不等式放到市场里，找准一个行为和商品所处在的不同位置，制定准确的战略定位，或者是挖掘同一个行为和产品的多个市场价值，开发多种资源是必要的。利用这样的不等式划分市场，从而解释文明在其间到底可能是前进还是倒退，是多么恰当而精准。这是一个人类社会在信用—信仰模式关照下的总运动模式，也是一个互逆的不等式模式。

从这个不等式中文化的位置就自然体现出来了。

作者为澳大利亚联邦银行高级研究员，经济学家，信用经济学创建人之一。

一座宏伟的文化大厦

——在《文化力》出版座谈会上的讲话摘要

万绍芬

我想用几分钟的时间，向占祥同志和今天座谈会的主办单位汇报一下我学习《文化力》的感想和认识。

记得我从河南出差回来，以先睹为快的心情，用了一整天两个晚上初读了《文化力》这部书。封面的三句话：文化是民族灵魂，文化是软实力的核心，文化是推动社会进步的永恒动力。这三句话真是画龙点睛。文怀沙大师作的《文化力的发掘者》的序言和《文化力》的绪论——“文化力是软实力的核心”仿佛把我们引入了一座宏伟的文化大厦。这座大厦由21根大理石立柱、21个展厅构成。厅内有31万8千个美丽的符号（这本书是31.8万字），引人入胜。我不是作家，我想用16个字来形容和概括这座大厦：立意高远，视野开阔，工程系统，布局合理。

书中讲了文化元素力、文化潜移力、文化吸引力等文化的21

个力。文化的和谐力是社会主义发展的必然要求，是和谐社会的精神动力。这些占祥同志讲得非常好。这里我想重点讲一下看了《文化力》第十七章“文化破坏力”的体会。正如书中所讲的：一般来说，力的方向向前，就会推动事物向前发展，力的方向向后发展就会导致事物倒退。文化力也如此。我在全国人大常委会工作的时候，参加了未成年人保护法的起草工作。搞了一些社会调查，我到几所监狱看了一下，很多青少年犯罪，都是受报刊、网络“泛黄”的毒害，调查数据令人震惊。记得有一次座谈会，与会人员呼吁“赶紧挽救我们的孩子。”所以对“文化破坏力”，我是深有感触。我认为《文化力》这部书不仅仅是文化大厦，而且包含了政治、经济、社会、教育、人才、伦理、心理等综合性科学元素，大量选取了中外名人文化形象实例，融思想性、科学性、知识性、趣味性于一炉，很容易看懂，看得很有兴趣。初读《文化力》这本书，再对照学习胡锦涛总书记党的十七大工作报告的第七部分“推动社会主义文化大发展大繁荣”，使我感到这本书与十七大精神非常吻合，今天座谈会也是我们贯彻十七大精神的一个组成部分。

我与本书作者占祥同志认识了多年。深切感到他干一行爱一行；干一行钻一行；干一行就能干出出色的成绩和巨大的贡献，做出具有创造性的工作。这本书就是力证之一。

我祝愿《文化力》一书顺利出版发行，并相信这本书将受到广大国内外读者的关注与欢迎，使读者从兴趣盎然中感受良深，悟出道理，获得不少知识。这本书将会对大家共同关注、倡导、研究、提升、弘扬文化力起到重要作用。同时让文化力在中华民族伟大复兴的历史进程中发挥更大的功力。

作者为中央统战部原副部长

从档案工作社会功能看“文化力”

毛福民

拜读占祥同志新作《文化力》，心里感到一种震撼：这部大作蕴涵了占祥同志多少超人的精力和智慧，特别是他那一直保持着锐力十足的创新勇气。粗粗读来，很是精彩。鲜明的观点、精辟的论述、生动的语言，无不透射着多年来引领文化工作实践的理性创新和他半个多世纪人生求索的精神升华。细细品味，学问很深。他在书中开篇提出“文化力是软实力的核心”，并一气呵成列举了21种文化力的体现。讲到文化永恒力时他强调“文化因为有了传承，也就有了生生不息的内在力量”。“在传承文化的过程中，以文字为载体的各种文献，一直扮演着重要的角色，使历史、传说、文学、思想及一切文明成就得以传之后世”。读着这些至理名言，感触很深。

我理解，文献也是档案，档案是包括文献在内的所有国家、社会和个人有保存价值的不同形式的历史记录。我做档案工作近十年，实践告诉我，档案属于文化范畴，档案工作属于文化工作领域。读了《文化力》，我又有了新一层认识：档案工作社会功能也是文化力有机组成的重要体现。

档案是人类社会各项实践活动的真实记录，是人类文化的重要遗产。作为历史的文化积淀，档案承载着人类文明的优秀成果，对人类文明的传承、创新和发展具有特殊的重要的作用。档案物化并延续了人类的记忆，成为联系过去、现在和未来的信息纽带。通过档案，我们可以探究历史发展的轨迹和规律，了解中华民族所创造的辉煌业绩，继承传统文化的精华，学习历史上志士仁人的高尚情操，从中感受中华民族历尽劫难而生生不息、不断发展的强大力量。很多地方档案编研实践表明，档案是进行社会主义精神文明建设的基础教材，档案工作是精神文明建设的重要内容。《文化力》中讲到，“文化的力量，深深熔铸在民族的生命力、创造力和凝聚力之中。”“文化力是凝聚民族精神的一条特殊的精神纽带，是民族间的‘心灵之桥’和‘精神家园’。”这是多么凝练的思想。这也加深了我对档案工作在精神文明建设中作用的认识。

档案记载了丰富的知识和信息，是促进生产力发展的重要因素。借助档案，后人可以充分利用前人的成果，实现知识创新特别是科学技术创新，最大限度地解放和发展生产力。档案既是有形资产的依据和证明，更是专利权、非专利技术、商标权、著作权、土地使用权等无形资产的依据和证明。档案作为各种资产的重要载体，对于资产自身保值、增值具有重要的法律凭证作用。如，一些企业重视对商标档案管理，在本企业商标受侵权时，及时提供完整准确的档案，依法维护了企业权益。有的企业借助商标档案，重新开发老品牌产品，使企业获得巨大经济效益。很多企业和科技部门深感，档案是发展先进生产力的工具和载体，档案工作是物质文明建设的重要条件。《文化力》中讲到，“品牌竞争和服务的竞争力，是由企业的软实力决定的。打造具有中国特色的企业软实力，并以此来提升企业的核心竞争力，是中国企业实现科学发展和财富增长的动力源。”这是更高层次的认识。这也促使我思考，档案工作在为企业实现科学发展服务上，完全应该也可以做出更大的贡献。

档案记录了历史的进程，把历史上的瞬间变成了永恒。其意义是任何工作都不能代替的。历史是一面镜子。人类文明不断发展，人类社会不断进步，离不开人类对客观规律的正确认识和运用。人类对于客观规律，不是即时即刻就能认识和把握的，规律性的东西往往要经过现象的不断往复，才能被逐步认识和把握。正是由于档案记录了历史，档案就能昭示规律，档案为人们反复观察和研究历史现象，准确认识事物发展规律，提供了可靠依据。越来越多的人们感觉到，档案是认识和把握事物发展规律的钥匙，档案工作是政治文明建设的基础工作。《文化力》中讲到，“文化先导力，通过科学技术的创新和转化成为新的生产力；通过思想道德建设和科学文化建设提高人的素质，为社会的发展提供思想动力和智力支持；通过对社会实践活动的指导作用，实现社会经济制度和政治制度的优化，从而产生新的生产力。”这一思想的阐述，是何等深刻啊。档案工作为政治文明建设服务，任重道远。

“一切社会都处在永恒的变迁中。文化就推动、引导、承载、延续着这种变迁。随着社会的变迁而进行文化的创造，是文化力发展的一条重要规律。”这一文化永恒力的论述，使我更深刻地认识档案的永恒价值和档案事业作为永恒事业的崇高意义。

以上极为粗浅的认识，谨以表达我对老领导的崇敬和进一步研读《文化力》的开始。

作者为国家档案局原局长

文艺工作者的学习范本

——在《文化力》出版座谈会上的讲话摘要

刘兰芳

能够参加高占祥同志《文化力》出版座谈会,我感到非常荣幸。刚才听了几位同志的发言,感到受益匪浅。对我进一步学习占祥同志这本书很有帮助。我是第一次参加关于文化理论研讨会,感想很多,主要想讲两点:

第一,占祥同志是我尊敬的领导,也是我的良师益友。他任全国文联党组书记时,我是他的部下,相处四、五年时间,并且有幸与他一起参加十五大,还跟占祥同志到祖国的宝岛台湾访问,有很多往事历历在目。由于是他的部下,因此对于他的人格、才华是很熟悉、很了解的。占祥同志多才多艺,思想敏锐,待人诚恳热情,富有创新精神,思想境界很高,每次见到他,他都是那样满腔热情地对我谆谆教导。占祥同志几十年如一日在文艺界辛勤工作,对文艺界是有很大贡献的。他倡导的朝霞工程、彩霞工程、晚霞工程等等今天仍在进行,我觉得这些工程仍然适合现今我国社会主义文化大发展的形势。占祥同志在各方面都取得了很大成就,说他是文学家、艺术家、政治家,我觉得都不为过。

占祥很多方面值得我学习,特别是他的刻苦学习精神。应该说占祥同志早已功成名就了,可是他还是常常抓住等飞机、坐火车的点滴时间,看书学习,甚至在飞机上还辛勤耕耘。他写出了一部又一部的书。这些我没法与他比,也比不了,但是应该以占祥同志刻苦学习的精神为标杆,向他学习,这是第一点。

第二,《文化力》这本书,是我昨天晚上11点回家时见到的,家里人告诉我:明天你要不要发言。我赶紧看了看,心里热乎乎的。占祥同志得有多大的毅力,付出多大的精力呀,写出了30多万字的书。作者是文化人,对文化的作用谈得很深。这本书我看到了60多页,感到书中讲的内容十分丰富,影响也将很大。书中第四章第一节,讲"人文素质是文化影响力的基石",通俗易懂,深入浅出。他引用孔子"文质彬彬然后君子",占祥将这句话引申论述,他首先强调是个"文"字:没有文化就没有文质彬彬,缺少文化就难以文质彬彬,因此加强文化修养,提高文化素质是做人高境界的第一要素。同时,他还讲"人格,影响力之本,""人格就是做人的资格和为人的品格"……这些都很让我受教育,受启发。当前,全国都在学习落实党的十七大精神,文艺界正积极响应党中央的号召,为社会主义文化的大繁荣大发展积极贡献力量。《文化力》这本书对我们学习领会党的十七大精神有积极的意义。我认为《文化力》是我们文艺工作者的学习范本,应该认真学习。

最后,祝占祥同志健康长寿,并写出更多的大作留传后人,这是我们宝贵的精神财富。

作者为中国文联副主席、著名评书表演艺术家

高占祥新著《文化力》引起强烈反响

许柏林

党的十七大召开前夕，北京大学出版社隆重推出了全国政协常委、原文化部常务副部长、中国文联党组书记高占祥的新著《文化力》。全书21章，31.8万字。

在党倡导理论创新、文化创新的鼓舞下，针对国际上“软实力”的地位不断提升，综合国力竞争不断加剧，现代社会物质高度发达、精神文化严重失衡的大的情形；针对国内经济发展快、文化发展相对滞后，出现了“短腿现象”（即经济腿长、文化腿短），高占祥同志近年来着力研究“文化力”问题，并完成了此书的写作。

《文化力》一书提出了一些重要的需要引起重视的观点：

第一，提出了“文化力是软实力的核心”的观点。国际上将经济、军事和科技等硬实力之外的诸如文化、政治、制度、习俗等都归为“软实力”，但对什么是“软实力”的核心并没有明确的界定。国内有学者将“政治”视为“软实力”的核心。然而，高占祥认为，政治状况的背后依然是文化力起着决定性的作用。缺少文化支撑的政治要么是“强权”的政治，要么是涣散的政治，终究是政治家的文化素质和全民族的国民素质文化水准对政治的状况起着基础性的作用。还有一种认识，将文化与“软实力”等同起来。这也是不科学不准确的。“软实力”应当包括文化价值观、政治价值观、科学发展观、和谐世界观等内容，而“软实力”的内核则是文化力。文化力是不是“软实力”的核心，要看其是否符合两个条件：一是在软实力范畴，文化是否具有主导性；二是在硬实力范畴，文化是否具有先导性。经过对人类历史发展的研究和学理分析，能够得出肯定的回答。

第二，提出了文化具有先导力作用的观点。高占祥认为文化对经济、政治社会发展具有先导力的作用。诚如马克思所说：“主体、精神的生产力，个人的充分发展，又作为最大的生产力反作用于劳动生产力。”高占祥突出强调论述了文化对生产力发展的先导性作用。也正如列宁所讲，没有革命的理论就没有革命的运动。人们发展经济和进行社会建设，总是朝着更有价值、更加合理的目标，这就需要先进价值观文化的指引。正是文化的超前性，对经济和社会的发展起着先导的作用。

该书还对文化元素力、文化安全力、文化钝感力、文化微调力、文化潜移力等方面进行了可贵的理论探索。

《文化力》提出了“文化力是软实力的核心”、“文化具有先导力作用”等重要观点，正是这些新观点的提出，使该书成为了区别于一般文化学的研究著作，对文化具有的各种“力”的研究达到了一个新的水平。

《文化力》的文风、观点、材料、角度具有独特之处。该书将深刻的学理寓于通俗易懂的知识和故事之中（运用260个故事），深入浅出，循循善诱；运用了大量新材料、新事例、新数据（引用420个最新数据），很有现实说服力；以世界和历史的眼光（涉及256个国际名人，160个中国领袖、名人、科学家等人物）、以科学和富有人文精神的视点来看待文化问题，具有与时俱进的理论品格。

胡锦涛同志曾在十六届七中全会重要讲话中指出，我国当前的文化发展状况“与全面建设小康社会的要求不相适应，同人民日益增长的精神文化需求不相适应，同我国的国际地位不相适应。”《文化力》的出版对学习领会党的十七大精神，兴起社会主义文化建设新高潮，能够起到有效的辅助作用。

《文化力》出版后，在全社会产生了热烈的反响。人民日报、人民日报海外版、光明日报、中国文化报、中国艺术报、中央电视台、人民网、中国网、光明网、凤凰卫视等进行了广泛的宣传报道。北京大学出版社、中华民族文化促进会、中华名人协会等单位，多次召开座谈会、研讨会，对《文化力》进行热烈研讨。

文怀沙先生评价说：马克思搞了个生产力，高占祥搞了个文化力，了不起。高占祥是文化的“苦行僧”，也是文化的使者。《文化力》一书高屋建瓴，不仅找“真”理，而且找“善”理。在当前这个时代，研究和提出文化力，是了不起的事情。

陆贵山教授指出，提出文化先导力是《文化力》一书的精华。文化先导力是一个具有自主性、原创性的文化新概念。它的意义远远超出文化的范围，对人的启蒙开智、全面发展和社会进步，都具有巨大的理论意义与实践价值。党中央提出的科学发展观，就是当代中国最有力的文化先导力。从文化先导力的理论出发来学习领会十七大精神，会加速我国和谐社会建设和现代化进程。

《人民日报》刊登的书评说，作者在书中以全球化的视野和未来的眼光，从战略的高度，用了大量的数据、事实论证了文化力在国家崛起、民族复兴、经济腾飞、企业发展中的地位和作用，对国家政策制定、企业未来战略有着指导意义。

《文化力》成为互联网上热议的话题。

作者为中国电影家协会党组副书记

文化力推动中国发展

——读《文化力》有感

宋汉晓　鲁　婧

高占祥的《文化力》一书由北京大学出版社出版，这是他30多年来关于“文化之力”的研究成果。

21世纪是一个文化争雄的世纪，文化力作为软实力的核心，正在被各国普遍接受和认识。高占祥长期致力于文化领域的研究，敏锐地意识到了这一点，并提出了文化是软实力核心的观点。他认为，之所以能称得起核心，是因为在软实力范畴，文化具有主导性，在硬实力范畴，文化具有先导性；且两者相辅相成，缺一不可。文化是文明基石。文化力是文化活动的引擎，它把一个民族、一个国家文化活动的物质成果和精神成果，凝聚成永恒的民族精神。

书中写到，文化是社会肌体健康的基因。没有先进文化力贯注和支持着政治，会产生强权专制或懦弱腐败，会产生迷信与盲从，甚至是冷漠、无情和残酷。没有文化力对于经济的推动，经济也难以维系持久的繁荣与稳定的发展。文化力推动着政治、经济协调进步，共奏凯歌。文化力的和谐作用是通过文化的精神力来调节和指导人性全面发展的一种平衡力量，是社会和谐进步、民主自由的强有力保障。

和谐社会由多个层面构成，和谐文化作为其中的重要组成部分，表现了各种社会关系中最根本的人文联系。中国的快速发展在赢得广泛肯定和尊重的同时，也引起了外界特别是西方社会对中国发展前景和存在问题的疑问与担忧。与快速发展的经济相比，中国文化建设则任重道远。文化层面的有效沟通和交流将使国与国之间多几分理解，少几分隔阂，多一些共识，少一些分歧，多一些合作，少几分敌意，这也是中国提高文化软实力的一个重要出发点。

高占祥认为，传统文化是文化力的一个重要组成部分，传统文化是和谐文化力的思想源泉。传统化、时尚化、通俗化构成了我们当今的文化。在这些不同层次的文化元素中，传统文化是我们的核心。正是由这些多样化的文化相互撞击，才产生了文化力。在中华文化体系中，最宝贵、最有价值的精髓之一就是“天人合一”的思想，这正是和谐社会的精神重心所在。“天人合一”的思想，主张人与人之间、人与自然之间是一体不二的和谐相处的关系，人不能从自然中独立剥离出来，不能只为人类的利益，无所顾忌地征服、掠夺“大自然”。中国传统文化还讲究修身、齐家、治国、平天下，特别注重修养。修身是立身之道，也是立国之道，其最高目标和终极价值是实现人与群体、个体与社会的统一及协调发展。孔子儒家学术的道德模式，确立了以“仁”为核心，以“义”为价值准绳，以“礼”为行为规范，把个人的道德修养和价值观建立在对他人、对群体、对社会的关爱和奉献上,对中华民族的历史产生了极为深远的影响。传统文化中的这些优秀道德规范在建设和谐文化过程中,仍具有重要的借鉴意义。作者呼吁,在新的历史条件下,如何深入研究、科学利用先人留下的宝贵文化遗产,对推进和谐文化建设,不断丰富传统文化内涵都是不无裨益的。

以爱国主义为核心的民族精神具有伟大的向心力、强大的凝聚力、广泛的号召力、巨大的动员力和无限的生命力。高占祥认为,文化力在人类的发展中有反哺作用。中华民族的复兴,要大力复兴文化力、发展文化力。

中国从文化力是构建和谐世界的核心力量这个高度认识到提升国家软实力的重大意义。在高度全球化的时代背景下,“和谐世界”已为人类未来发展描绘出了一幅积极乐观的景象。作者认为,现在我国提出了和谐社会、和谐世界的理念和主张,就是中华民族在优秀的传统文化基础上,结合世界文化发展潮流进行的文化力再创造的结果,就是对当代中华民族文化的核心价值的追求。同时,中国提出和谐社会、和谐世界的建设,也是对世界文化的不断丰富和充实。正如全球汉语热催生孔子学院,中国与不少国家互办文化年等等,国际舆论普遍认为中国软实力的增强,意味着中华文化影响世界的文化力日益增强。

“目了则形无不分,心敏则理无不达”。作者在书中以全球的视野和未来的眼光,从战略的角度,用大量的数据、事实论证了文化力在国家崛起、民族复兴、经济腾飞、企业发展中的地位和作用,对国家政策制定、企业未来战略有指导意义。

作者为学者

高占祥和他的《文化力》

李海鸥

前两天，收到了高占祥送我的《文化力》。当我翻开这本厚厚的宽页面的书籍时，立刻被里边丰富的内容所吸引。

《文化力》给我的第一印象是，这本书的份量很重，这本书的寓意深刻，这本书的意义深远。它是一本宣传先进文化的新型教科书，是塑造民族灵魂的精神家园，是道德修养的熔铸之炉，是发掘软实力的优秀之作。由于高占祥是叔叔辈的领导人物，在这里我暂且省略“叔叔”二字，不成熟地谈点体会，请予以指正。

一、高占祥自身的文化力

到目前为止，高占祥已经出版了 77 部书。这让人感叹不已。他不愧于党亲手培养的、新中国成立以来特别是改革开放以来，捧得文化艺术桂冠的思想家、作家、画家、书法家和舞蹈家。

多年以来，集五家为一身的高占祥创意颇多。无论在文艺界最高领导层，还是在共产主义青年团；无论做省里的副书记，还是当文化部长，他都能够开创性地工作，创造性地工作，开拓性地工作。他从不墨守成规，从不止步不前，从不曾有丝毫的倦怠。他总有新东西让人朗朗上口："五讲四美"净化了社会风气，"德艺双馨"提升了文化艺术界的境界，各种文化长廊和文化建设工程，至今让人们记忆犹新。虽然我不是搞文化工作的，但文化艺术的大众性、普及性和感染性时常让我热血沸腾，久久不能平静。看着最近用高占祥诗歌作品文艺晚会制成的DVD，那一首首激昂向上、催人奋进的歌曲，使我真真切切地感到他像一座大山，傲然屹立；他像一股春风，扑面而来。知识是他飞翔的翅膀，学问是他不懈的追求。

高占祥综合素质非常强。他不仅多才多艺，而且具有丰富的思想力。不仅具有丰富的思想力，而且具有高超的领导力。他能浇花，能微调，能和谐，有凝聚力。在我看来，他是被人们翘大拇指的、出色的文艺界领导人物。

高占祥的成功在于一辈子勤奋学习。走到哪，学到哪；干什么，学什么；做什么，像什么；做什么，成功什么……正如他的格言所说："学习是生命的奠基石。"他学过中文，学过俄文，学过日文。由于参加工作早，靠的大都是业余学习。他的成才之路充满了刻苦、刻苦、再刻苦。他现在是北京大学客座教授、中国人民大学客座教授，上海交通大学客座教授，还是马来西亚一个大学的客座教授。

高占祥的人文精神可圈可点。他从小是童工。对劳动人民有深厚的感情，对我们的党有深厚的感情，对党交给的每项工作有深厚的感情。在他曾经工作过的541厂厂区和宿舍区，有着很好的口碑。541厂为出了高占祥而骄傲。因为这是他成才的发源地。除了他有很好的阶级基础外，更重要的是他热爱伟大的时代，用火一样的激情拥抱伟大的时代，歌颂伟大的时代。他从不停歇，从不懈怠，从不低沉，从不落伍，而是与时俱进。在他那里让我看到的是，永远的"青年近卫军"、永远的"激情燃烧的岁月"和永远的"青春火花"。

高占祥是形象思维和抽象思维很好的结合者。文艺更多的是形象思维。但是长期作为文艺领导人的他，两种思维他都存在。在他那里二者不但不排斥，而且达到了高度统一，完美结合，运用自如。他文艺理论基础扎实，文化思维力很好。在形象思维上：写诗澎湃，作词激昂，画画逼真，跳舞翩翩。在抽象思维上：报告铿锵，演讲轰动，写书逻辑，评论在理。

我佩服他，尊敬他，学习他。因为他自身带有强烈的、积极的和雄厚的文化力。

二、高占祥著书的《文化力》

从高占祥《文化力》的出版意义看，它符合党的十七大精神，符合文化发展的"二为"方向，符合党的"双百"文艺方针，并为广大人民群众所喜闻乐见。

从文化力的科学概念看，上世纪90年代开始提出和探讨时，更多的是把文化力与经济力相提并论，而对其内涵少有阐述和展开。而高占祥的这本《文化力》著作，把文化力分析得淋漓尽致，透彻全面，入木三分。

为什么高占祥如此重视文化力这个选题？我分析基于这样几个原因：一是文化力与生产力并驾齐驱，同样重要。二是文化力是一种巨大的精神力量。这个力量虽是经济基础所决定的上层建筑方面的意识形态内容，但它对于经济基础，对于物质生产、对于社会生活有巨大的反作用。三是文化力已经不是单纯的一种文化概念，它是与科技结合、与经济结合的复合力量。四是文化力是综合国力的组成部分，它是一种无形力量。中华民族伟大复兴不能仅仅以经济指标翻番作为标志，还应当以文化复兴作为灵魂。没有强大民族文化的国家，不可能有真正的、根基深厚的民族自豪感和自信心，也不可能充分、持久地赢得别国尊重。

从文化力的地位作用看，高占祥的《文化力》告诉我们：

一是文化力所具有的先导力是无可比拟的。文化力是民族的灵魂。一个国家如果没有文化力，就等于没有精神动力，就等于没有智力支持，就等于没有灵魂。对于个人也一样，一个人如果没有文化力，那可能就等于没有头脑，没有智慧，没有精神支柱，如同行尸走肉一般。

二是文化力所具有的和谐力是社会发展的必然要求。要构建社会主义和谐社会，就必须发展和谐文化。文化力蕴涵着和谐力。文化和谐力"是促进社会和谐的一种综合能动力量"。它"通过文明的方式和文明的手段促进和谐"。"构建和谐社会，始终离不开文化和谐力巨大的整体性作用"。

三是文化力所具有的微调力是对事物适度调整的最佳方式。"凡事都有一个限制，这个限制超过一点都要走向反面。""保持适度，才能维系事物的平衡。"文化微调力要求循序渐进，要求心态平衡,要求改善人际关系,要求“两分法”,掌握“两点论”,学会“两手抓”。

四是文化力所具有的钝感力是对困境的一种耐力,是跨越艰险的跳板。对于这点,我是第一次在高占祥这本书中得到的启发。人们往往比较敏感。敏感固然是长处,但必须以钝感为另一翼。“钝感力更易在错综复杂的现代社会中生存,也更易取得成功,更易求得自身的心态平衡及与他人的和谐相处。”所谓钝感,就是“排除一切干扰、勇往直前的态度”。

五是文化力所具有的不只是积极力量,还要重视它的消极作用。高占祥揭示了“文化破坏力”这个概念,一语道破文化力具有的破坏作用。高占祥愤怒地揭露了色情文化产生腐蚀力、颓废文化产生颓废力,奢侈文化产生腐败力,暴力文化产生摧毁力,虚假文化产生欺骗力。他认为,我们之所以提出“文化破坏力”这一命题,杜绝或减少文化破坏力,主旨在于提醒人们注意文化力的方向,找准“发力点”,使文化力冲向正确的方向,使文明的脚步踏着时代的节拍前进。

从全书总体看,《文化力》主题鲜明,结构清晰,脉络清楚,立意新颖。《文化力》分为21章。全书从文化的最基本的形式——文字开始,到揭示文化的本质(文化是民族的灵魂！文化力是软实力的核心！文化永恒力,是推动社会进步的永恒动力!)结束。章章都回答了文化力的深刻内涵。《文化力》有近百节的内容。书中的每一节内容,思想深刻,语言明快;字字入耳,句句铭心;深入浅出,言简意赅。每一节的标题都几乎是警句格言,其表述又都是那么短小精悍;书中的每一部分都几乎是妙语连珠,其每一个小故事又都是那么引人入胜。大至国家文化,小至家庭文化;远至文字起源，近至文化永恒。全书可读性强，可背诵性强，可操作性强。

《文化力》一书鲜明的特点还在于：辩证观点，充满其中；对立统一，无处不在。高占祥有很厚的哲学根基。哲学是科学的科学。高占祥掌握马克思主义的立场、观点和方法，树立正确的世界观、人生观、价值观，掌握唯物论，用好辩证法，用矛盾统一的方法观察和处理事物，是他发掘文化力的金钥匙。《文化力》很好地体现了这一点。譬如，反弹琵琶由死到生；逆向思维可另辟蹊径；挫折教育是育才之基石；和合文化要正确对待异；反败为胜映出蔡振华形象等。

特别要提出的是，高占祥认为，文化力是软实力的核心。他认为，能够称得起核心，必须有两个标准，一是在软实力范畴，文化具有主导性；二是在硬实力范畴，文化具有先导性。文化力这种软实力，越来越为世界各国所认识，所重视。他认为文化是文明基石。文化创造核心价值观。文化凝聚民族精神。文化创造和谐社会。文化促进科学发展。文化引导公平竞争。文化满足精神需求。

的确，硬实力是指看得见、摸得着的物质力量，包括经济力、科技力、军事力；软实力所指的就是精神力量，包括政治力、文化力、外交力等软要素。两者既紧密联系，又互相区别。它们不是简单的加减关系，而是相辅相成、相互制约和协调。硬实力是软实力的有形载体、物化，而软实力是硬实力的无形延伸。在当前经济全球化浪潮、信息革命和网络时代的大潮下，硬实力的重要性显而易见。软实力则具有超强的扩张性和传导性，超越时空，对人类的生活方式和行为准则产生巨大的影响。但还不大被人们所认识。

在高占祥那里，他大声疾呼发展文化力。文化力包含文化元素力、文化潜移力、文化吸引力、文化影响力、文化竞争力、文化创造力、文化生产力、文化思维力、文化先导力、文化孵化力、文化和谐力、文化和合力、文化微调力、文化平衡力、文化钝感力、文化形象力、文化破坏力、文化安全力、文化扬弃力、文化凝聚力和文化永恒力等21种文化力。文化力渗透于社会各个方面,其作用和功效是无边的,是无形的,是无限的,是无极的。

在高占祥看来,文化力对于经济建设起着先导作用,对于思想建设起着感化作用,对于环境建设起着辐射作用,对于人才成长起着催化作用。在实现中华民族伟大复兴的征程中,我们要大力提升文化力,解放文化力,发展文化力。

总之,高占祥这本长达38万字的理论专著,符合毛主席一贯倡导的"准确、鲜明、生动"的文风要求,并为党的十七大所提出的"推动社会主义文化大发展大繁荣"伟大任务添了砖加了瓦。

不仅如此,《文化力》一书还为我提供了研究和写作的珍贵范本。现在我虽在较高级的政策研究岗位上,但我离"高占祥式"的研究还差得远。在高占祥送我的"海鸥小友纪念 二〇〇七年十月 高占祥于北京"的龙飞凤舞、大气磅礴的扉页墨宝中,已经深深映射出他对诗人李学鳌后代的关心、爱护、帮助和期望。我一定努力学习高占祥叔叔弘扬的文化力的所有精神,在平凡的工作中,创造出不平凡的辉煌。

作者单位为中共中央政策研究室

简论文化先导力观蕴涵的思想价值

李文中

一、文化先导力：一切社会实践活动都要以对人性和文化发展规律的科学认识为前提

高占祥同志的《文化力》是在党的十七大召开前夕出版的，这是一个很惹人注目的标志。大多数专家学者对它的解读，几乎都肯定了他提出的文化先导力的理论价值意义和超前的智慧眼光，这确乎是高占祥同志对文化界的重大贡献。文化先导力的提出，不仅标志着对文化软实力的认识已提高到前所未有的高度，表明对文化与经济、政治、社会等各方面的联系，有了更科学完整的认识，发生了一个质的飞跃，它还预示着一个文化力新时代的到来。

人是文化的动物，离开文化活动，就谈不上真正意义上的人。没有对人的文化的研究，就不能真正理解人。所谓文化先导力，在

我看来，就是要以对人的文化的了解，以对整体的人的全面了解，对人性发展规律的了解为前提，为基础，为标准，来展开所有的社会实践活动，包括经济发展、政治进步、社会建设。任何脱离开人的因素的真理必将导致失败，任何不顾人性发展规律的社会历史发展目标必将落空。以前，我们总是强调要遵循社会历史的发展规律，要尊重客观世界的规律。这只是问题的一个方面，它只着重强调了人类的社会性及社会历史本体。然而实际上，问题的另一方面是，社会本体是与真实的生存着的个体相互融合包含着的。我们现在还需要发现和重视人性的发展规律，需要尊重人的主观世界的规律，需要重视人的个体生命。可以说，不懂得文化的本质和价值意义，就不会懂得人。不懂得人，就不能保证社会、国家和民族朝健康、正确的方向发展。这就是高占祥《文化力》一书中"文化先导力"思想观所蕴涵着的最重要、最富有启发意义的基本思想。

此书的字里行间，散发着许多重要创新思想的气息。这不仅仅是一部文化研究著作，它更是一部人学著作，因为文化先导力集中凸显了人文思想，和人的精神力对物质主义挟制的挣脱；它也是一部哲学著作，因为它强调了中国哲学中"天人合一"的思想与马克思主义辩证法的整体观的有机结合；因而，它也就成为了潜隐着政治意义的著作，因为它对当前和谐社会建设和国家文化软实力的发展，有着极为重要的意义。

二、文化元素力：让个体回归生活的真实，为文化造血

书中开篇提出："文化元素力（即文字），是通过文化元素的组

合力量来提升我们国家的文化软实力,这不仅有助于提高我国的文化竞争力,而且对世界文明亦会产生积极、持久、深远的影响。”这对我国目前社会文化状况和精神状况来说,的确是振聋发聩的呐喊。

语言文字,在睿智的文化学家那里,被视作人类心灵表达思想的不断反复的劳作。心理学家们也一致强调,若不洞察人类言语、文字的真实本性,我们就不会彻底充分地了解人类心灵发展的知识。不认识自己,不理解自己作为人的心灵的奥秘,怎么能有真正持久的进步和幸福呢?怎么能有真正的更好的发展呢?我们日常的文字和语言,是走向科学理性之路的路标。正是通过文字这种文化元素力,我们才能形成对生活世界的最基本的视域。我们其实是通过文化元素力面对和参与整个世界和文化生活的。

高占祥在书中说:“文字在文化中至尊地位的动摇,语言文字神圣力量的偏离与缺失,都会带来民族文化意识的种种流弊和混乱,就会使得人们的心智偏离文化的健康轨道,进而形成种种文化的杂质,造成整个社会残缺的文化。”

美学家阿狄生有一次在伦敦街头看着熙熙攘攘、匆匆忙忙的人群,感慨地说了这样一句话:“这些人大半是过着一种虚假的生活。”

我们的社会难道不也是这样的吗?现时代的人们,不是生活于富有文化活力和精神生气的活泼的现实里,而是随波逐流于生活的表层,感受着的只是人生意义的浮华浅薄的皮毛。人们被动的接受一切,而又过度地想占有一切。不再是创造和优雅地享受生活,而是攫取和盲目地占有。生命中飘忽而过的快感,承载不动沉静向往的心灵;灵魂的平庸慵懒,眼睁睁地任凭欲望的口腹,饥不择食地贪馋物质商品的快餐盛宴。人们忙忙碌碌,却不知奔向何方。人们没有对未来信仰的耐心憧憬,只想当前心理感觉上的即刻满足。文化,像一只幽灵,游荡在没有家园栖息的个体生命之间,不再能占据和主宰人的心魄。社会生活快成了一具躯壳,空洞机械地挨受着时间滴答敲击的无生命的声响。

这就是人们很难察觉感知到的文化力的贫困,这就是精神创造力的衰弱,也就是心灵的空虚,它不可避免地直接导致文字的僵化和糟蹋。这就是文字及其表达的语词与日常生活感觉、人的内在生命需要日趋隔膜。已有的字词似乎不再够用,总喜欢提出标新立异的新名词,却不能加以圆满地解释。空洞无物的人云亦云,言不及义的信口空谈,连篇累牍的套话,全然不知所云的"口号"和调子,用抽象的逻辑玩弄着文字游戏,来应对现实问题的紧逼拷问,实际上却隔靴搔痒,离题万里。"一犬吠影,百犬吠声"的现象比比皆是,文字失去了固有的文化力量。日常词语的美感渐失,被滥用无度,已变得暗淡无光。矫揉造作、华而不实的文句辞藻广为流行,就像雨后在那阴晦的物体上结出的层层青苔,泛出浅陋的一点绿色来。那些哗众取宠、昙花一现的缺乏文化含金量的文字作品,肆无忌惮地露出蹂躏圣洁文字的狰狞,在大众的视野中狼奔豕突。

生活的真实和生命整体需求发出的声音被沉沦衰落的文字词语所遮蔽,僵化的文字催眠了大众的感受力、思考力。流行的文字统辖着大众的理解力,使得一些非主流的浅薄观念和庸俗的情趣在社会上大行其道,肆意泛滥,"并把人们岔引到无数空洞的争论和无谓的幻想上去了。"

如果说保护自然生态环境免遭污染是为了我们身体健康的生

存，那么，为了我们心灵的健康，保护文字“生态环境”的清洁更是当务之急。亵渎文字的纯洁将受到精神蜕化的惩罚。文字作为文化力的最基本元素，它的“分解”“化合”作用和性质，会直接影响到文化的气候环境。保持文字的活力，就是为文化造血。如果谁不曾为目前中国社会的语言文字状况感到深切忧虑失望的话，那他就不能算是了解中国的文化现实，但谁如若永远对此怀抱失望的话，那他就不能算是了解中国的文化和人民。

日常生活语言文字是我们走向科学、进入政治、从事一切社会活动必不可少的工具。文化元素力与文化活动、文化理论及其理念是相辅相成，不可偏废的。我们发展文化软实力，不只需要理论、观念、政策这些“大钞票”，对广大人民群众来说，更需要文字、语言这些须臾不能离开的思维的“零花钱”。实际上，如果没有生动的、充满活力和真实生命的文字语言这种文化的血液，无论多么美丽动听的文化理论，终将落空和破灭。

文字语言是文化社会肌体的血液。高占祥同志的文化力观，把文化元素力置于全书的首位，不能不让人钦佩他的文化智慧。他从根本上彻底抓住了文化力发展的关键。这是一种真诚的、科学的态度。这也就是文化先导力。文字语言做为文化的基本元素，是人们生活、社会发展的根基，是人们思维、感受，从而进行一切社会活动的先导，是社会健康正常运行的先导。那些空喊着理论，决心发展文化力却全然不知文化是什么的“智者”们，则往往“忽略”——他们怎能看到这一点呢？——这正是高占祥同志所格外重视的。

三、精神力:让文化真正回归真实的完整的个体

文化的本质是精神的,精神的本质是个体的。只有精神化了的文化,才会成为真正影响社会的文化;也只有渗透到个体生命深处的精神,才能成为联结个体社会性的牢固纽带。抓住了精神性与个体性,才算抓住了文化的本质精髓。

马克思主义作为一种人道主义的内在要求,是同时强调个体性和精神性的:"每个人的自由发展是一切人的自由发展的条件","主体、精神的生产力,个人的充分发展,又作为最大的生产力反作用于劳动生产力"。这种原则把个人的全面发展和精神的自由确定为首要的、直接的社会要求,是我们理解文化本质的重要指南。

首先,全面发展的个体,是用整个社会的观点来全面地看待自己的人生。文化的健全发展,不是通过抽象的社会体系的一个方面、一个部分或功能,而是通过作为整个社会有机组成部分的每个自由的个体面目出现的。

在文化的发展中,我们太过于重视宏观的社会化的发展,认为只要文化通过社会的发展就能影响个体的文化素质的提高,这仅仅是问题的一个方面。社会固然能够影响个人,但社会影响作用的大小,往往正是由个体的文化来决定的。我们重视文化的社会性,是因为文化发展的复杂性迫使我们不能完全顾及到个体领域,我们在这里或者是因为客观现实的困难而止住了脚步,或者是因为主观认识的偏颇而哄骗自己省略了更进一步深入的探求。列宁

同志曾经睿智地指出了相似问题的症结:“我们社会制度中好的东西,可以说还丝毫没有经过考虑,没有被理解和体会,只是被匆忙抓起,没有经过检查和考验,没有为实践所证实,没有被巩固下来等等。”“只有那些已经深入文化、深入日常生活习惯的东西,才能算作已达到的成就。”(《列宁全集》第33卷,第441—442页)。从列宁的论述中我们可以得出这个结论,无论是政治的、文化的、教育的等任何文化成就,只有经过融入个体生命,才能真正被理解、被肯定、被巩固。

的确如此,文化的大发展大繁荣,国家文化软实力的提高,只有经过每个人民群众的真正积极地参与、享受体验,才能得到实际的真实的实现。

文化发展重视个体,是重视完整的个体,尤其是重视个体的精神性。只有具备了精神性,个体才能算是具有了文化意义上的主体,没有精神性参与的个体只能是文化的一种赘生物。

德国哲学家黑格尔曾这样形象譬说个体的精神性:“在每个人自身都有光明和生命,他是为光明所有,他不像一个本身不发光而只能反射光芒的物体那样被光照亮,而是他自身的柴炭被点燃,闪耀自己的火焰。”

这“闪耀着自己的火焰”就是个体的精神性。在文化的生活意义上,个体的精神性规定了个体的文化心理和感情需要的范围以及指向,精神需要是文化要求于个体的一种最有意义、最深刻、最根本的需要。只有精神性才能保持个体的独立存在。个体的精神性通过文化活动外化为个体的精神力。个体精神力超越理性的有限需要,超越现实生活功利的、短期的实用目的,它和谐地调解着人的整个生命需求的平衡健康发展,并不断为生命的文化活动注入着活力，为生活赋予一种意义和目的。精神力使个体与社会积极、真实、有效、全面地联系在一起，它不停地抵抗着社会对个体的遮蔽，彰显着个体在文化中创造性的价值。

个体的精神性，就是文化得以发展的创造性因素，就是文化得以永恒传承的稳定坚实的媒介，就是文化得以在现实社会中真正扎根下来的前提和基础。文化的成就，如果在当代不能寻找到精神性的个体及其组织或集体，它就像飘零着的浮萍，会随着时代流逝远去，而一旦触及到精神性，无论越过多么遥远的时空，它也会在生活的土壤中结出新的文化果实。

高占祥同志为中国的文化发展发现了文化的个体，同时也发现了文化个体的精神性。他对民众精神力的呼唤，与那些站在高空重视“宏观”的文化路线方针政策的“智者”们，是多么地不同；与那些重视物质经济发展，认为只要物质科技有了长足进步，国家文化软实力也就会随之发展的“乐观”的幻想家们，是多么地不同。透过高占祥同志的《文化力》可以理解，文化力在他那里，不仅仅是指文化自身具有的力量，而且还是通过个体的生命活动和实践活动，通过个体的精神力来体现和完成的文化力量。高占祥同志极为重视民众精神力的培育，极为重视对人的主观世界规律的认识和掌握。精神力，是文化软实力的内核，这是《文化力》一书蕴涵着的重要思想。

按照这种理解引申开来，我党提出的以人为本的理念，就是要落实到重视每个个体的发展上面，落实到人的精神力与基本需求的和谐发展上面。随着文化的个体及其精神力的发现，人的精神心理学、人的主观世界、人性规律的人类学探讨研究，势必会纳入到文化建设和国家文化软实力发展的活动中来。

四、人的整体性：马克思主义辩证法与中国哲学“天人合一”人文思想的综合

如果我们有勇气承认，马克思主义是真理，但没有穷尽所有的真理，是需要发展和完善的真理，那么我们也就应该承认，高占祥同志的《文化力》所运用的思维研究方法和蕴涵的思想，就是对马克思主义关于人的学说进行的大胆发展和创新。

法国哲学家帕斯卡说过：“任何一个单独的真理都是不充分的，因为世界是复杂的。任何一个真理如果脱离了和它互补的真理，就只能算是部分真理而已。”在发展我国文化软实力进行文化建设这个重大问题上，马克思主义并没有说出所有的真理。文化问题是关于人的问题，我们对人的问题了解得愈透彻、科学，掌握愈多的真理，就才愈能对文化问题有更为科学的解释、理解和行动，才能让文化问题得到更为正确合理的解决。

马克思主义强调人的社会性、阶级性，“人在本质上，是一切社会关系的总和。”更着重的是一种宏观的、大写的“人”。但人作为文化活动的主体，首先是作为个体存在着的，个体的心理、情感、意志、信仰、精神及潜意识的“微观”世界，也需要引起我们重视。文化面对的是人的整体。可以说，马克思主义的人学，更适宜社会历史哲学和政治经济学意义上的宏观考察。从文化学意义上讲，如果把马克思主义的方法论和人学思想加以具体辩证地发挥运用，那么对我国目前的文化发展是大为必要和及时的。马克思主义的人学并没有错误，它只是还需要丰富完善和发展。马克思主义的人

学也永远不会过时,它只是需要借助我国目前的社会现实的孕育,与中国传统文化中宝贵的人文思想相融合,显示其强大的生命力。

中国哲学中"天人合一"思想是对人性的整体性诠释,在发展文化软实力的过程中,是需要发掘利用的必不可少的宝贵资源。它对人的理解,是把人放在"天"(即自然、宇宙)的整体系统中来把握的。它对"天理"、"天道"的分析,对"天人关系"的考量,对人道、人性、人心、性理、命运等方面的人文思考,对人的内在自然和谐的重视,都是对人性规律的探讨所获得的极为重要的思想果实。

"天人合一"思想,不把过去的历史看作是死的,不把人仅仅局限于现实当下,它把过去的历史文化也看作是活着的人。不把人仅仅局限于可见的物理自然界和生活世界,它把整个宇宙的大化运行关联的一切外在世界和内在世界,都视为与人有机联系的不可分割的整体。中国的"天人合一"思想包含着的人学思想,是既宏观又微观的,它至大无外,它至小无内。这对我们完整地科学地理解人,理解人性的规律,是富有启发的。

运用马克思主义的辩证法思想方法论,把中国哲学中"天人合一"思想与马克思主义人学思想相互融合,结合现代人文科学与自然科学思想的有力工具手段,就能逐步发现掌握越来越丰富、深刻的人性规律,就会越来越正确地把握住人的奥秘,就会发展创造出真正属于人的新的文化。

从这个意义上来说,文化先导力,就是以对人的整体发现、了解和掌握为前提,来推动和引导社会的每一项进步。

作者为北京大学哲学硕士,曾从事教师、记者、编辑工作,现为高占祥同志秘书。

阅读，在漫漫旅途中

——《文化力》初读有感

李冀平

清楚地记着，打开这本书时是在列车上，狭窄的空间里，我心灵之舟却随它驶向那知识的江海。

2007年10月26日，当我意外收到了高占祥先生赠予的著作——《文化力》时，我正在打点赴南疆贫困县的行囊。瞬间便掂出了此行的分量：伴随我去履行讲课、采访职责的，是千里旅途上的读与思。

一、归去来兮

读书，又一次注定不会在安宁的书房里。

我何时已缄口文化之谈，何时已变得不读书？整日的忙碌、生存的压力，使苦闷中的我们不再理出时间、不再有自由宁静的心境，去翻动那与实际欲求无关的文哲美学书籍。

每每回望一眼书房，便生一种疚愧；每每上路带书，而又无空阅读时，便只有一声长叹。直到《文化力》送到手中，不禁诵一句："归去来兮，田园将芜胡不归？"读书难，也畏难于大部头经典深奥难啃，坐在课堂上感觉尚且如此，更何况独自采访奔波在途中。而观点新颖的《文化力》则以新的论述方式吸引读者，阐述简练扼要，却论得透彻；学科涉及广博，处处引经据典，步步举例说明，好读易懂，坐在车厢里信手打开便阅之，合上书本即思之。正因为这一特点，我几乎认为《文化力》是为大众所著，是为旅途中人所写。

文化有力量吗？我曾怀疑过类似"文化给经济搭台"的提法，曾怒斥过小饰品市场中恐怖的骷髅形象比比皆是的现状，然而最焦虑和困惑的是，优秀文化，你为何对此无力抗衡？你对社会的导向力哪去了？正是在文化生相百态的这一时期，高占祥先生第一次触及到了文化事业亟须解答的问题，以深思熟虑的观点、渊博的知识、充足的例证，诗意般讲述了文化对于人们精神的培植作用，对于经济的先导作用，对于中华民族的凝聚作用，对于社会文明的推进作用……

而文字记者从中获有的，便是无尽的讨论话题。

列车呼啸着疾驰在南疆大地上，窗外掠过一片片挂着白霜的盐碱滩，茫茫无际的沙漠戈壁。走向贫困地县，文化，将赋予我怎样的力量去履行扶贫职责？

二、文化影响力与脱贫工程

迈上讲台。面对急于求知新闻写作的乡镇通讯员们，我却重点讲了人文工作者的社会责任感、文化修养、采访审美体验……，一篇通讯的写作成功，关键不在于专业知识与技巧，而在于对真善美的感受力，我力图传递出这样的体会。与所有的厅局人员带着款、物、技术来执行扶贫任务不同的是，记者是抱着书本来的。

这个贫困县亟须什么援助？浏览这柏油路通达、街市崭新、新住房一排排、城乡居民衣食无忧的地方，令人吃惊的是另一种不和谐状况：宾馆客房柜橱门掉在地上，竟几天无人修理；上街买几个摊主的水果，竟无一人给找还零钱；到另一个贫困地区的城市邮局，亲眼看到工作人员对顾客的邮件竟随手甩扔；打印门市部职员对顾客高腔大嗓，缺乏礼貌……，难道这里的人们从来没有接受过公德良序、职业礼仪文化的教育？当地同志也对我们说，大城市文明吗？空气污染，车辆拥挤，人们随地吐痰……。显然，用于现代化设施建设的扶贫项目并不能替代文明传播工作；建起了漂亮的文化馆、图书馆以及各类图书应有尽有的书店，并不等同于人们文明程度就一定随之提高；"要实现人的文明素质与硬件建设的同步进行，一定是软实力的作用，而文化是软实力的核心。"

"人的全面发展"是近年提出的观点。曾经我们常常把人的发展包含于社会发展之中，以为社会发展了，有了文化设施，每个人也就会自然而然地得到发展，可现实令我们清醒：人们素质的提高离不开教化，离不开文化的影响作用。《文化力》对此讲得十分清楚:“文化影响力,是世界上除正规教育外的‘第二教化’。……相信文化培育高雅,使人脱离粗俗,进入温文尔雅之境界;文化启迪智慧,使人走出愚昧,奔向开明智慧的世界……只有提高自己的文化素养,才能焕发出有影响力的光彩的文化气质。”

在这浓郁的诗意中,我和学员们共同欣赏穆青先生当年在解放区的作品:《我看到了战士们的文化学习》。它生动记述了一群年轻战士为了步入未来新生活积极学文化,在重新塑造自己。一个个感人的细节却揭示出人类共有的进取精神,而战士们追求文化中所显示出来的理想、情感、愿望,正是这篇作品美感隽永之所在。审美学的要义是什么?就是关注生命意义,“人的本质力量的感性显现”。

我蓦然意识到,《文化力》中的追求目标竟与审美学殊途同归:“我们思考文化力,实则是人的生命整体对人类净化环境的渴望,是人类寻求真正和谐、有序、乐观、健康生存下去的必然选择。”作者深刻的论述,对正在希望得到更多钱物帮扶的贫困地区人们来说,今后能否被领会?当地通讯员们能否意识到,贫困县的脱贫目标,不只是解决温饱问题,而是要跟上现代文明的步伐?从事采写工作实际上也就承担起了传播和谐文化,培育文明风尚,推动文明建设的重任?掩卷沉思,我对此次扶贫讲课后充满期待。

三、先导论矫正文化与经济关系

又一个章节——“文化先导力”振聋发聩,因为它首先提出了当今未被普遍认识的“精神对物质的冲击力”的重要命题;因为它警示人们:“如果没有先进的文化力的引导,人们的精神生活就不能相应提高。如果没有先进的文化精神价值的正确导向与牵引,就会颠覆人的心理平衡。”

“文化作为上层建筑的一个重要组成部分,是到了经济搭台,文化唱戏的时候了。”而十几年占据着新闻经济报道上风的口径竟是“文化搭台,经济唱戏”。尽管我们渴望边疆经济快速发展,能早日过上与东部地区人们一样的富裕生活,但如果为了经济发展而牺牲文化的价值和尊严,就令人大惑不解。著作总结了这一时期的教训:“快 速发展经济的年代里,讲文化对经济的依附性太多,而讲文化对经济建设的先导性讲得少。”这个年代出现的重物质、轻精神,重经济、轻文化的倾向,导致人们内心生活的失衡,人与自然关系的失衡,出现物欲横流,拜金主义、消费享乐观、廉价幸福观等对社会风尚、对人们的精神追求、道德信仰等带来危害。面对社会提出的新课题,人文工作者表示了深深担忧,但事实证明,仅有苦闷忧虑无济于事,回避不可能,坐而论道远不够,社会需要正确的舆论导向。

《文化力》直视现实,其观点既不同于让文化附属于经济的提法,也不同于把文化与经济割裂开来的认识,而是摆正文化与经济的关系,“文化是灵魂,经济是血肉,”继而以大量事实证明“文化先导力对经济、科技有反哺作用”。

在新疆采访,令我记忆犹新的是当年在吐鲁番第一次听到“文化搭台,经济唱戏”的提法。可几年后,在这个旅游业“王国”的大舞台上,唱戏主角却是文化:石窟文化、古城文化、坎儿井生态文化、葡萄沟文化、民族风情文化……处处绚丽多彩,日日歌舞不断,文化特色吸引越来越多游客,而大量的旅游收入又反馈于考古研究、博物馆、文化馆等文化事业建设，使处于极端干旱区的吐鲁番地区有着广阔的发展前景。如今，“没有文化就没有旅游经济的发展”已成为新疆各地旅游业人的共识。每个景点都在打造“文化”品牌，挖掘文化内涵；每个旅游工作者都以文化学识水平作为第一要素，因而新疆旅游业发展水准不断提高。如今，文化先导性、主导性理论的提出，无疑令人文工作者们为之一振：面对迎面扑来的形形色色的提法，与其囿于苦闷，不如主动投入其中探索研究，以自己的知识理论和才华为社会做些实事，还文化的力量、尊严与价值。

“先导力论”没有就此结束，而是引入了对“目的与手段关系”的探究：“物质经济生产力、科技生产力固然重要，但它终究是手段。文化精神信念的丰富、提高和完善才是目的。再重要的手段，也不能取代对目的意义的追寻。”对现实中的问题针砭时弊：“在发展经济的同时，环境的、社会秩序的、道德良知的建设不应该偏废。赚钱光荣但不能忽视文化价值导向的存在，再快的经济发展速度如以‘金钱至上’的道德沦丧为代价，也无疑是舍本逐末。”由此，“文化先导力论”确立了自己的判断标准：“坚持以人为本，树立和落实全面、协调、可持续发展的科学发展观”，“八荣八耻”荣辱观，明确了自己的使命：“先导力要为提升综合国力的竞争力提供智力支持、精神动力、方法指导、思想支柱”。“在社会基本生存需求得到满足、物质生活逐渐丰富的情况下，社会发展应该怎样进一步深化，整个社会的价值取向，社会成员的准则以及在发展过程中出现的矛盾和问题应该怎样协调，文化作为一种内在的上层建筑力量，它的作用不可替代，而其将是最后的制胜因素。”作者对社会的高度责任感，对文化事业的厚望跃然纸上。

四、传统文化凝聚民族魂

阅读全书，就发现在21个章节里处处闪烁着古典文化例证的星光，与有关“传统文化作用”的观点论述如影随形：古诗词的伟大吸引力，四书五经横贯古今的影响力，“以和为贵、以人为本”思想的亲和力、凝聚力，“天人合一”观念的和谐力……尽管笔墨简练，但足以启示边疆记者在品味经典的同时，去思考边疆应该如何营造出尊崇传统文化的氛围。

这个问题重要吗？记得2007年7月在库尔勒，我为采写“创建全国文明城市工作纪实”题目走访了许多单位，能让我找到“回家”感觉的是该市环保局局长的一番话：“没有中华古典文化的普及与弘扬，创建文明城市等于没有品位。”他羡慕江南一带利用各种形式充分展示古文化的底蕴；他每次下发机关公文，前几页都附有典故史说的学习资料：《司马光论才与德》，《孟轲论仁义和利》；他从典籍文献中选段精编成警示格言，张贴在局办公楼墙上：“以铜为镜可以正形，以人为镜可以正身”；而对当地缺乏传统文化氛围的状况，他表示了深深的焦虑……

读国学，传播古典文化在北京、江浙一带已是必不可少的大众文化教育工作，但对新疆而言并非易事。新疆聚集着20多个民族同胞，特殊的地域、人文环境中，大多数人接受着丰富的地域文化熏陶，边塞文化、军垦文化、少数民族文化以及都市文化等，而各民族最不能缺少的是哪种文化的滋养？我始终揣着这一问题。

《文化力》认为和谐力发力点之一，就是历史悠久的传统文化。“中华文明自上古诞生之日起，就如一条川流不息的河流，绵延至今。具有共同的心理特征和文化特质的人生智慧是在广阔而漫长的历史舞台上形成的，并且已经在中华民族中深深扎根，不可替代，不可更改。任何外来文化只是对我们民族精神的丰富和补充。”

“各民族小学生喜欢背诵唐诗宋词吗？”这样的问题我几次提出，在课堂上，采访中，却往往遇到对方诧异的目光与语塞。唐突吗？近年来，新疆在各族人民中开展“爱党爱祖国爱社会主义”三爱教育。爱祖国，“正是民族信仰的内核，是凝聚力的旗帜。”而依靠什么来吸引不同文字语言的民族同胞，凝聚民族之魂？无疑，中华优秀传统文化瑰宝当之无愧。新疆少数民族聚集的地方已开始进行双语教学，让各族学生学习汉语，仅仅是一项为了便于学习专业技术知识的权宜之计吗？生活在和谐的中华民族大家庭中，哪一名华夏儿女不为祖国灿烂的传统文化而自豪，不负有继承传统文化的历史使命？

“共同的理想、共同的信念、共同的道德目标、共同的是非观念、共同的文明准则等等，构成了一个民族文化的核心价值观。而这种核心价值观的培育、形成、传承等，都需要文化力的创造、文化力的蓄养、文化力的环境。”将中华优秀传统文化融入边疆各族成人教育、少儿启蒙教育中，是一项浩大的、较艰难的工作，并非是那位焦虑的环保局局长和有忧患意识的文化人所能完成的。

就连从业于文字采写的记者，也难以保证能持续学习传统经典文化。但，总是怀着对传统文化的崇敬与向往，我默默寻觅着。不论是戈壁沙漠行程中忽听当地宣传干事提到陶渊明，还是风雪边境县夜晚与当地同仁偶谈经典文学，都能从中找到一种文化认同感、归属感，都会被一种无形的力量所鼓舞。

半个多月的出差结束了，返程时，《文化力》还没有读完。在喀什机场候机厅里，看到摆放着许多书刊供乘客阅览，我会心地笑了：国家文化出版事业蓬勃发展，即便到了祖国大西北这最偏远的喀什、和田或阿勒泰，也能读到日报，读到新版的各类图书，现代的人们更需要文化丰富生活，滋养心田。

而要使优秀文化真正走进基层群众的心中，抓紧硬件建设的同时，宣传教育工作也已迫在眉睫了。文化软实力的重要性越发凸显而出。《文化力》21 个章节，等于章章列出了新闻采写题目，我终于悟出作为边疆记者应该怎样阅读它。此刻，摸摸背包中的大书，顿觉沉甸甸的。

作者现任新疆日报高级记者，多年从事新闻工作，发表新闻通讯、文化、美学、散文等文章数十万字，获新疆好新闻一等奖、中宣部表彰、全国舆论监督好新闻一等奖等数十种奖励。

谈《文化力》的思想性和创新性

——在《文化力》出版座谈会上的讲话

徐向红

我非常荣幸地受邀参加高占祥主席《文化力》出版座谈会。占祥同志是我国文化界的老领导、老前辈，他既是一位学者型的领导，也是一位领导型的专家。在长期的社会实践中，他边工作边研究，撰写了许多精品力作，为推动我国文化事业的繁荣发展做出了重要贡献。离职之后，他勤奋写作，孜孜不倦，长期致力于文化力的研究和探索，历时近三十载之思考和积淀，为我国文化事业新添了一部力作——《文化力》。在此，我对本书的出版发行表示衷心地祝贺！对高主席的文化品格和崇高风范表示深深的敬意！

本人收到《文化力》一书后，奉为圭臬。拜读再三，受益匪浅，意味隽永，不忍释卷，确实是一本不可多得的经典之作。我想，衡量一本著作的价值，不仅要看著作本身所具有的创造力和发掘力，更重要的是看作者的身份和阅历、人品和学品。一本书的出版发行，实质是对作者本人的艺术修养、学术水平和人文素养的全面评价。高主席多才多艺、才华横溢，治学非常严谨，学术底蕴特别厚重，不仅在写作领域卓有成就，而且在摄影、戏曲、绘画、书法等多方面很有造诣，先后出版了 77 部著作。古稀之年，不减当年勇。高主席兼具领导和学者身份，以一种犀利独特的领导思维和学术视角来审视文化，以俊朗洒脱充满诗意的文字，写成《文化力》这一宏文专著。该书内容的厚重感和作者的强烈社会责任感、历史使命感之凸显是一般的专家、学者很难达到的，充分体现了作为一名领导心怀国家、情系民众的博大胸怀，体现了作为一名学者关注文化、创新研究的高贵品格，是我们做人和做事的典范和楷模。对我们这些文化工作者而言，要认真学习他这种求真务实、刻苦钻研、矢志不渝、锲而不舍的学术作风，发扬他这种衣带渐宽终不悔的吃苦精神，始终像他这样保持"板凳要做十年冷"的韧性，始终像他这样以一以贯之、十几年如一日的"苦行僧"行动，把研究做好，把事业做扎实，为建设社会主义先进文化服务。

高主席站在时代和战略的高度，从经济、政治、历史、教育、社会、管理、文学、哲学等多个学科，对《文化力》进行了多角度、多层面、多侧面的论述，全面、深刻、精辟，是各种文化力创新理论的集大成者。《文化力》具有很强的逻辑性和系统性。无论对重点案例、重大典型的述评，还是探寻文化元素彼此之间的联系，都按照一定逻辑对其结构层层剖析，全书框架构成科学合理，环环相扣，章节虚实相兼，点面结合，相得益彰；内容丰满充实，见解精辟深刻，颇具思维的广度和深度。《文化力》具有很强的思想性和创新性。

本书以全球化的广阔视野，全面完备地揭示了 21 种文化力，详细阐发，逐一剖析，思想深刻，创新性强，指出了“文化力是软实力的核心”这一文化的精髓所在，揭示了文化建设的运动方式和规律，明确了21世纪中国和平发展的文化动因，为发展中国特色社会主义提供了理论启示。《文化力》具有很强的学术性和理论性。具有很强的针对性和实质性。具有很强的宣传性和推介意义。本书每一章都提供了导读，对本章内容从理论上进行高度概括，提出了一些重要的思想、观点、论断，发人深思。如“智者识潜知移，愚者视潜无移”、“和谐出美、和合出力”、“文化生产力也是文化价值力”等。这些观点和理论，是我们深刻领会文化建设的切入点。党的十七大把增强国家文化软实力放到空前重要的位置加以重视，对文化建设做出一系列新的战略部署，《文化力》出版座谈会恰逢党的十七大胜利召开后不久举行，这对于深入学习、贯彻落实党的十七大精神有重要的现实意义。

《文化力》为我们迅速掀起社会主义文化大发展大繁荣提供了许多行之有效的策略参考。关于文化力的研究，之前一些专家学者也作了研究，但相对而言，他们多是从一个或多个角度进行研究，而高主席的《文化力》一书，则是比较全面、系统、深入的研究，不仅对国家、企业未来规划等具有宏观指导意义，而且对加强区域性文化规划、完善个体人格品行等微观方面有重要的参考价值。这一精品成果的问世，将全方位、渗透式、持续性地对文化建设产生重大影响，回山东后，我们要积极宣传此书、推介此书，让更多的人了解此书、学习此书、关注此书，认真地学习高占祥现象，推动山东文化建设又好又快发展。

书中许多内容给我们提供了拓展思维的空间，引导我们深入研究。借助高主席的文化力思想，我谈一点粗浅体会，不当之处，请大家批评指正。关于文化力，应该先界定一下文化的含义，何为文化？顾名思义，就是以“文”化人，发力者是“文”，受力者是“人”。“文”，就是各种文化元素，其核心力量，也就是高主席讲的文化元素力。不同国家不同民族有不同的文化符号，这些符号潜移默化地影响人类的衣食住行，直接影响人们精神状态，这就产生了“文明”之说。任何个体和人类都不可能脱离文化的熏陶，文化元素所体现的内在张力不同，文化力的大小也不同。文化力的影响和熏陶，小到家庭、班级、社区、大到社会、国家、世界，它是一种强力黏合剂，不仅将有共同地域，共同经济生活、共同文化素质、共同社会心理和共同语言的人群联结在一个共同体中，而且将不同生活，不同风俗、不同语言的不同群体联结成团结和睦的群体。可见，文化的力量是非常巨大的。

文化元素力的功能胜过核裂变。那么究竟什么是文化力呢，顺而推及，我认为文化力是人类创造的文化对人类自身活动产生的能量和作用。它集中体现了以下特点：一是具有普适性。文化有自己特有的演变规律，是一个自然历史发展的过程，在不同时间、区域、范围，发挥着或大或小、或强或弱、或紧或缓的作用。二是具有客观性。文化是随着人类的生存而存在的，它有非意识形态的物质属性，只要有人类活动的存在，文化就存在着，它不以人的主观意志而转移的特征，使得许多文化产品和文化遗迹牢牢打上了人类活动的烙印，如，旅游景观虽存在人文景观和自然景观之分，但不是绝对意义上的划分，彼此之间都有影响。三是具有积极性和消极性。这是文化力特征的根本体现。文化既推动事物沿着积极方向发展，也引导事物向消极方向发展。我们就要充分利用好文化的积极性，遏制文化的消极性，为我所用。高主席提出在挖掘文化力过程中，要十分重视文化力的“发力点”和“作用点”。提出这一论点，也就是要求我们在建设社会主义先进文化的过程中注意文化的两重性，善于趋利避害。实际上，我们搞文化建设，关键就是要充分发挥文化的优势，找到文化力与客观事物的最佳结合点和衔接点，使文化资源优势有效转化为产业优势、经济优势、生产力优势。那么文化、经济和生产力怎样组合才能更好地将优势转化呢？我认为，应该在政府的宏观调控下，充分发挥市场机制的基础性配置作用，使文化、经济、政治在社会中构成一个三维空间，在一定的政治关系下，文化作标与经济作标组成“文化经济平面”，文化有深、中、表三个层面，经济有生产、流通、消费三个领域，从而使社会生产力有低、中、高三种水平，社会生产力只有在文化与经济发展方式的转变都期望文化结构的巨大变革下，才能有所提高。因此，当前应该努力促进经济体制、发展方式和文化结构的转变，使之相协调、相统一。在文化与生产力的这种相互依存、相互促进、相互融合、不可分割的发展态势下，人们应该充分认识到文化经济的巨大作用，改变过去单纯追求 GDP 增长的片面发展，改变“一条腿长一条腿短”的滞后状态，加快体制转变，激发文化经济的活力，努力实现文化建设的跨越式发展。我想，这也就是当前为什么要深化文化体制改革、加快文化产业发展的一个重要原因吧！

可喜的是，目前人们已经认识并采取一系列提升文化力的重要举措。当前，提升文化力根本上应该从抓文化生产力入手，文化生产力是文化力最基本的特性，文化生产力既是文化生产之力，也是经济生产之力，因此，在新形势新情况下抓住了文化生产力就是抓住了经济社会发展的关键。高主席特别强调，文化人才、文化产品、文化管理、文化生产条件构成了文化生产力的四大要素特征。我们必须从这四个方面牢牢抓起，一手抓文化事业，一手抓文化产业，两手都要强，两手都要硬，这是富国兴民的根本出路。

抓好文化人才，必须构建新型用人机制。坚持以人为本，紧紧抓住引进人才机制和激活人才机制这两个关键环节，通过跨地区、跨媒体、跨行业的联合与协作机制，激励创意型、策划型人才，通过发掘和培养本地文化产业人才，使人尽其才、人尽其用，营造一个能够使人才脱颖而出的良好环境。

抓好文化产品，必须坚持走品牌创业之路。品牌具有文化元素力的功能和威力，品牌是克敌制胜的法宝。必须在内容发掘上下功夫，突出特色，用民族的、大众的、优秀的文化内容产品和服务去占领市场，增强吸引力，赢得消费者，提高经济效益和社会效益。要整合优化资源，形成规模优势，打造拳头产品，提高市场的影响力和竞争力。

抓好文化管理，必须深化文化体制改革。管理就是效益。没有科学管理，文化力不可能得到根本提升。要深化文化体制改革，建立“党委领导、政府管理、行业自律、企事业单位依法运营”的文化管理体制，真正实行政企分开、政事分开、管办分开，确立文化生产单位的市场主体地位。文化主管部门，要善于变微观管理为宏观调控，从抓具体事物为主转为抓法规、抓政策、抓协调、抓服务、抓指导、抓监督上来，对事业单位，要大胆放权，鼓励他们有充分的生产经营权。各文化企业都要建立合理的现代法人治理结构，实行责、权、利相统一的经营管理体制。

抓好生产条件，必须解决技术、政策、资金等生产要素问题。要加快科技开发和引进，提高自主创新能力，促进科学技术和文化产业嫁接，打造基础好、实力强、科技附加值高、市场回报率高的新兴产业和科技型产业。要加紧制定符合产业发展的法律法规政策，激发文化企业的积极性、主动性和创造性，保护和促进文化产业健康快速发展。要积极拓宽融资渠道，用足用活各项资金，为文化产业可持续发展提供可靠保障。

作者为山东省委宣传部副部长

高占祥“文化力”观念笺注

石　厉

近读高占祥先生的新著《文化力》(北京大学出版社2007年10月第一版)一书,其在“文化力”这一崭新观念下所飞扬的著述波澜,使我的思绪亦颇为之跌宕。我们曾从一个文化被沙漠化的荒凉状态中挣脱出来,又走了另一个极端,不分黑白、实用至上,摸着石头过河,探索了多少年,彷徨和迷茫的真正原因就是远离和失去了人类许多真正伟大的文化传统,使文明的传承与创化秩序遭到了毁灭,人们的内心再也没有了孟子所说的良贵,在精神上失去了主心骨。可悲啊可悲。正如文怀沙老师在该书序中指出的:“有些人不从文化看政治、看经济,却片面地从政治看文化,从经济看文化,导致急功近利等种种弊端,遂使文化降为一切上层建筑的附庸。”而高占祥先生的这本书却能明确道出文化是人类世界的重心所在,使我仿佛领略了“大漠孤烟直”的思想景观。他所说的“文化力”,这个观念准确地摄取了文化世界的精髓,重估了人类文化对于人类社会的重大作用,在世界被利益驱使而物欲横流之际,不失为是对人灵魂的一次震撼。因此，我很想在《文化力》一书的基础上，为“文化力”这一概念做一疏注，以捕捉这部闪现着思想灵光的作品在我脑海中留下的深刻影响，并希望这一思想能被社会所支持。

一

据我所知，在我国古代汉语中，与“文化”比较贴近的词如果试举一二，可能是“文明”与“人文”。《周易》之《贲》《彖》曰：“刚柔交错，天文也。文明以止，人文也。观乎天文以察时变，观乎人文以化成天下。”易经的彖辞应该为孔子所著。司马迁在《孔子世家》中说：“孔子晚而喜易，序、彖、系、象、说卦、文言。”（太史公所说如果没有确切的反证最好不要将其否定，而“五四”以来文化上的假大空之学风中的许多追风之人，竟连太史公这样的历史定论也要推翻，这不是无知或标新立异是什么？学术上的许多标新立异都是受功利心驱使耳。）那么出自彖辞的这一段孔子的述文中，“文明”与“人文”含义较近，“人文”与“天文”则是一对范畴，“天文”似乎是指以天界为代表的神秘莫测的大自然，而“人文”特指人类所创造的文明。尤其是在“观乎人文以化成天下”这一句话中，已包含了“文化”一词的基本内涵，并对人文的强大作用表现出了非常大的自信，也就是说：人类社会（天下）的所成与非成皆取决于“人文”。孔圣对“人文”的这种自信在《论语》中记载很多，如在《八佾》篇中，他盛赞周朝就是一个崇尚“文”的朝代：“周监于二代，郁郁乎文哉，吾从周。”周朝相对于殷商尊鬼神、重苛刑而提出的“德治”,本质上就是人文化治,因而周朝将自己的开国君主姬昌谥号为“文王”。到了汉代,读书人对人文化治在社会中的重大作用已经愈来愈明晰,汉代刘向的《说苑》《指武》篇中明确提出“文化”一词:“凡武之兴,为不服也;文化不改,然后加诛。”此后,文化一词,渐渐沿用,意思也时而缩小,又时而扩大,但不管怎么说,古代仁智之士对文化一事视为社会最大的事情。这也是中国为什么是古代文明古国的一个小小注脚。到了日本明治维新以后,日本语中用汉语中的“文明”与“文化”之词以翻译英语中的civilization 和 culture,然后大概在清末,海内又从日语中引入“文化”与“文明”的概念,以与英语中的概念对译。总的来说,这种对译还是比较准确的。西方的这两个概念与汉语言传统中的这两个概念大同小异。

不管汉语的“文化”概念还是西方的“文化”概念,学界在提及时,总是在广义和狭义两种说法中游移。广义的说法,文化就是文明,是总括人类精神的、物质的、制度性的一切创造;狭义的说法,主要是指人类以观念形态或精神性方式存在的创造成果。事实上,文化狭义的观念形态也可以将人类创造的一切文明成果皆包含在内,因为具体的物质总是僵死的、易逝的,而那些物质文明能够永久传承和保存的最好方式莫过于是这些物质文明成果的观念或精神性形态,比如科学技术知识,就是这样的形态之一。在这样的意义上,其所谓狭义比所谓广义实际包含量还要大、所指还要全面,并且作为概念含义更为精准。我注意到,近些年来,诸多的学者在文化的广义和狭义概念上争论不休,而高占祥先生在对待这个问题时,是非常明确和简捷的。他所说的文化概念无疑是指人类的观念性形态或“精神智慧”(参见《绪论》),这一点,我首先赞同。

二

学界在概念上模糊不清的纠缠还是次要的，重要的是，当资本开始疯狂支配人类世界以来，对更大的利益、无止境利益的追逐成为人类的潮流，许多人因此认为资本不仅能够支配人类世界，而且人类的目的就是对于利益的追逐。在这一点上，一些杰出的理论家原本对19世纪的资本主义社会是深恶痛绝的，因为放任自流的资本运动的特点是，钱多者越来越有钱，钱少者越来越没有钱，最后导致少数人掌握社会大部分财富，大多数人生活没有保障。后来，暴力革命并没有取得普遍性的成功，人类文化或文明却拯救了资本主义社会，“精神财富”平衡了“物质财富”，社会财富在“文明”的前提下得以尽可能的再分配，创新的各种社会制度保证了人民的基本物质利益，人类社会才有了和平过渡与进一步发展的新的生机。这已是不争的事实。可是多少年来，我们不仅漠视这种文化或文明的伟大胜利，而且一直重视物质利益，庸俗机械地套用物质第一性的原理，低估人类文明的作用，低估文化价值。试问，如果人类没有精神，一切物质对人类还有什么意义？高占祥在本书《绪论》中说：“人类社会在拥有巨大的物质财富和物质能量的同时，却忽视了具有先导作用的文化力和精神智慧。”在先导作用的基础上，接着他又提出了文化的“主导”性。文化的这种导引作用使文化常常能够促使一个社会朝着进步的方向稳步前行，从而使文化成为一个国家或民族的基本标识。一个民族或国家无论在血统和土地上怎样演化和变迁，只要文化能够被固守，已有的文化系统不要遭到毁坏和消亡,文化得以传承及持续发展,这个国家和民族终究是不会灭亡的。犹太人和中国人就是最典型的例子。中国的文化和人民曾经同化和包容过多少土地和人民,但是中国文明和中国文化的标记又总是那样的明显和独特。这就是中国文明或文化中一直具有强大生命力的明证。并且具有强大说服力的是,胡锦涛总书记在中共十七大报告中明确指出文化是国家竞争的软实力。高占祥先生从国家战略的高度,具有时代性地认为文化力是这种软实力的核心,他在《绪论》中论述:“按照约瑟夫·奈的观点,文化软实力是指一个国家维护和实现国家利益的决策和行动的能力,其力量源泉是基于该国在国际社会的文化认同感而产生的亲和力、吸引力、影响力和凝聚力。硬实力(经济、军事)通常依靠‘施压’迫使他国非自愿接受,是直接的、即时的、集中的、显性的;软实力则通常依靠‘吸引’得到他国自愿认同,是间接的、历时的、弥散的、隐性的。”“约瑟夫·奈教授已经看到了人类世界在当代的病症,呼吁把物质生活与精神生活失衡的重心,从物质实力转移到精神力上来。”高占祥因此而断言:“我认为文化力是软实力的核心。”他继续说:“文化蕴涵着巨大的力。这种‘力’并不同于物理上的‘力’,因而人们更形象地将文化力称之为‘软实力’。从本质上说,物理的‘力’是人类用来‘化’自然界的;而文化的‘力’是人类用来‘化’自身的。”此论非常精辟。那么,“文化力”的作用究竟有多大呢?更为精辟的论述如下:

我们知道,地球以及地球上的物质是没有任何重量的。由于地球的磁场产生的“磁力”,而使得地球上的物质产生了“重量”,因而也就产生了“重力”和“吸引力”。一定的文化力对于一个民族的生产、生活、社会活动,恰如地球的磁场之于地球上的物质，人们在共同的文化活动中既创造着文化力又被文化力影响着、制约着。文化力是文化活动肌体的磁场。人们的一切文化活动都离不开文化的牵引。

文化是人类社会的灵魂，没有文化做为灵魂的人类社会，恐怕充其量是一个茹毛饮血的原始野蛮社会。而文化一旦产生，它将以自身的方式影响人类社会，这个影响既是细微的又是巨大的。最终，人类社会发展和进步最为重要的标志应该是人类文明或人类文化自身。如此说来，近期人们所说的“中国崛起”如果仅仅认为经济上崛起了中国就崛起了，这种想法是立不住的，是一番空想。一个国家真正强大或崛起的擎天之柱就是文化。文化对政治、经济、科技、文艺等社会中的一切有意义的成果无所不包，只不过其显示的方式是以一种观念的形态所呈现的，但是其作用方式却是具体的、巨大的。如果无视一个社会总体的文明成果，单纯在经济上急于求成很可能只是繁华一时，一场经济危机就可能使之好景不再，财富可以来也可以去，一个民族对于文明成果的拥有才是一切财富之源，一个民族对于文化的拥有才是永恒的富有。

三

影响西方世界两千多年的圣哲苏格拉底，就非常明确地认为，人类要过上美好的生活，就必须具有好的知识，而要获得这种知识是可能的。他思想的继承者柏拉图则将获得这种知识、真理的来源或起点归于绝对理念。这个绝对理念与我们今天所讲的文化或文化力在本质上并不相同，绝对理念是自闭的、纯粹先验的，而文化或文化力则是独立与开放并存的量子式存在，它不是先验的，是因为它就是人类所不断创造的结果，它是独立的，是因为它一旦存在，就会对人类的活动产生巨大的作用。但是西方人对以观念形态的方式所表现的文化无比看重，这却是一脉相传的，这是西方世界之所以发达的根本所在。

在对待东西方文化的差异中，许多细枝末节、谁长谁短的技术性争论意义不大，关键是一个社会总体的文明程度，这是一个社会是否进步的标志。本着这种态度，我们真诚地向世界上一切优秀的文化学习，我们的改革开放才取得了举世瞩目的伟大成果，取得这种成果中所表现出的有容乃大的精神就是我国传统文化中的精髓之一。

先进的文化既是文化自身创化的方向，也是人类活动的方向。文化一旦产生，文化自身就是一个世界，这个世界将引导人们去建立一个新世界，文化随着人们的创造又将开辟一个更新的世界，文化这种能够创化人类又随着人类的创化而创化自身的力量，就应该是文化力。

正因为这样，先进文化自身又能净化自身，高占祥在《绪论》中说："文化的和谐作用，不单单满足着人们已经意识到的任何一种文化的需要，她还提醒人们，何种文化需要是虚伪的，是应该弃绝的。"因此他还认为："先进文化力指引下的文化和谐生产，能较好地防止和克服自然科技物质文化生产所带来的某些片面性和异化性，以促使文化肌体的健康发展。"

"异化"也曾经是马克思在《一八四四年经济学—哲学手稿》中关注的人类在自身活动过程中逐渐走向自己反面的一种必然出现的现象。上世纪 80 年代我国理论界的所谓权威们认为这不是马克思成熟时期的思想而予以否定。现在看来，轻率地否定“异化”现象没有多大意义，问题的关键是当人类面对司空见惯的这种走向人类本质的对立面的现象出现时，最有效的克服系统是什么？当然是人类优秀的文化。优秀的文化不仅使文化得以净化和进化，更重要的是它能够调整人类的活动方向、克服人类活动中的异化现象。凡此种种，高占祥先生在他的著述中，以许许多多的事例和感悟进行了深入浅出的说明，相信读者自有深刻的感受。

作者为学者

中国文化，与国无疆

——浅谈复兴之路上的中国新文化建设

吴弘毅

“文化力”似乎并非一个新鲜的话题。文化的力量，古人早已意识到了。从仓颉造字时的“天雨粟，鬼夜哭”，到刘勰的“文之为德也大矣”，再到改革开放后的“文化搭台，经济唱戏”，文化的力量从未被国人轻忽过。CNKI 网页检索，文化力的定义有 20 多种，有论企业的，论地域的，论大学的，论社会的，论国家的；然而，能融国家、社会与个人为一炉，以软实力的核心——文化力为纲，纲举目张，包罗万象，高占祥先生的《文化力》还是我所见的破题儿第一遭，着实有更上一层楼的新鲜感。

这不能不说到文化(culture)的定义。汉语词中定义最泛滥莫过于此，据说最保守的估计是有一百多种。我没见过这么多，但在见过的里头，最欣赏的还是“人和自然的相互对象化”。当然，人是主要的。在人类诞生以前自然也存在着，但人类以自己的感官将自然“对象化”，人赋予了自然价值，于是产生了文化。有名言为证：“你未看此花时，此花与你同归于寂；你来看此花时，则此花颜色一时明白起来，便知此花不在你的心外。”文化，便是人类改变世界的印迹。当然，人类改变世界的同时，也免不了同时改造人自身。改变自然的，是自然科学；改变人的，是人文社会科学。它们都是文化。人类改变世界的物质成就，是文明；文明建设中积淀下来的精神成就，是文化。文化就是人化，正如文学就是人学。

欧洲经受了几百年中世纪神学的蹂躏，终于从教堂里冲出一个以人为本的人文主义。中国的人文主义，似乎比外国要早。《易》曰：“观乎人文，以化成天下。”从周朝开始，中国就基本摆脱了把人类的命运寄托给神灵巫鬼的想法，在一个相对封闭的大地理环境中艰难开辟人类的精神世界。这是很不容易的。

我是学文学的。文学这个词，来自日语，是英文 literature 的翻译。在古代中国，搞文学的人并不天然地自成一派；像荷马那样靠说书吃饭的人民艺术家，是不登大雅之堂的，难列入文人的门墙。搞文学的人，通常是把它当作事业而非职业。因此文学之士对社会的参与感特别强，以文学自傲，却特别不想人家说自己只会舞文弄墨。罗贯中是文学家，写了《三国演义》，却借诸葛亮的口，表达了他对“纯文学”从业者的蔑视：“君子之儒，忠君爱国，守正恶邪，务使泽及当时，名留后世。若夫小人之儒，惟务雕虫，专工翰墨，青春作赋，皓首穷经；笔下虽有千言，胸中实无一策。且如扬雄以文章名世，而屈身事莽，不免投阁而死，此所谓小人之儒也；虽日赋万言，亦何取哉！”中国文人的追求，是出将入相，翰墨留香。孔子论成功，曰：“立德，立功，立言。”虽然“言而无文，行之不远”，也还是排最后。李白诗歌无敌，但听到人家说他“非廊庙器”，当不了宰相，还是很郁闷，一心想着做唐代的谢安："但用东山谢安石，为君谈笑静胡沙。"中国人对文学的重视与西方人不同，不是把它当作一个专门的艺术门类来尊敬，而是把它融入了政治、经济、社会的血液，用文学的力量造成民族的基石。这种尊敬显然是超过对艺术本身的尊敬的。

当然，文学是文化，而文化不仅仅是文学。文化包括语言、器物、制度、思想、技术、艺术……，用刘勰的话说："文之为德也大矣"——他是把天地山川（天文地理）、五行运化（朴素物理化学）、河图洛书（神秘学与原始哲学）等等都包括在"文"里头了。中华民族重视文化、尊敬文化，对文化的看法比较成熟、系统，包容性强，持久性好。这和我们的地理环境、文明程度都有关系。因此中华文化得以成为全世界唯一没有断层的文化。

高占祥先生的《文化力》，论述文化，有着很明显的民族特色和全球视角。说民族特色，因为他走的是传统文化"修身—齐家—治国—平天下"的路子，理路特别清晰，高屋建瓴，抓大放小。西方哲学重分析、系统、思辨，中国思想重渗透、涵混、综合。高先生要用一本书简明扼要地谈文化力与个人修养和文化战略的关系，这个涵混综合的理路是对的。他以文化的力量为纲，纲举目张。目就是一个个事例和数据，有条不紊。省略了许多中间的推理论证过程。因为他是官员，官员的身份，不是理论家而是执行者。在一个优秀的执行者看来，繁琐的论证会影响执行力——当然，这是禅学中"看山是山"的第三阶段，他不是不会论证，而是论证已过，进入实践。无疑，这是实用的做法。

说全球视角，因为他眼界之广，搜罗之精，能将古今中外的文化现象信手拈来，俯视它们的运行，抽象出其中的规律，作出设想和蓝图。他并不因古今而厚薄，也不因中外而排斥，这份多年领导工作培育出来的涵养，在文化界人士中着实难得。昔日诸葛亮和同学们一起上司马徽开的“私立大学”，同学“皆务精熟”，而亮“独观其大略”，毕业以后数诸葛亮担任领导职务高。可见，“观其大略”也是学术的一种，是经世致用之学。高先生将文化力挖掘到微观的元素层次，以“元素力”为基础建立软实力的宏观大厦，气魄委实不小。此书既可作为个人修身养性的指导，也可作为国家制定文化战略的参考。

关于《文化力》，胡军先生作过讲话。他讲中国需要一个长期的文化建设，举了汉武帝时期和欧洲工业革命前的文化建设作例子。这对我的启发非常大。中国现在处于一个复兴的阶段，不是崛起，而是复兴。崛起是新兴国家的行为。我们“曾经阔过”，祖先辉煌灿烂，后来衰落了，现在要复兴。这个衰落首先是文化上衰落了，清朝抵抗外侮打不过，不是军事实力差，而是文化腐朽，人的素质和制度道德都不行了。英国打鸦片战争，他们的燧发步枪比绿营兵先进，绿营兵用的是火绳枪，还很旧。中国有没有先进的燧发枪？有，在皇帝的禁卫队里，不让上战场。我们国家的文化老旧了、落后了，还遭到人家一百多年的干扰和破坏。我们需要建设新的中国文化，强化我们的文化力。“远人不服，则修文德以来之”，这句话永远不过时——美国人正在这么干。

大国的崛起也好，复兴也好，都需要顶层设计，也就是孙武所谓的“庙算者胜”。制定国策的人，需要严密精确地设计战略，才有改变格局、崛起复兴的可能。立足中国，放眼世界，党的十七大，确定了科学发展观的地位。顺应科学发展观的要求，社会建设被提到重要的位置，与政治、经济、文化建设并列。社会建设的目标是构建和谐社会，不仅要和谐中国，还要和谐世界。这个世界大同的理想相当伟大。建设和谐社会，政治、经济的系统举措当然重要。但是，在文化观念上，建立一个多元的价值观是根本性的任务。因为社会资源有限，无论行政垄断，还是市场竞争，都必然导致财富和权力向少数人——精英阶层集中。那些所谓的民主国家也概莫能外，这是人类社会的普遍规律。至少目前，社会主义、资本主义的实践，都未能根本消除社会阶层的差异和财富、权力的结果不平等。如果社会的价值观都变成单一的，有钱有权才叫成功，才叫有意义的人生，那么不得了，所有人都往这条路上挤，被挤下来的是大多数，那么社会不可能和谐，人民的物质文化需求不可能被满足——因为被人为地无限放大了。

面对这个严重的问题，西方选择了宗教来平衡它，用死后的安慰和神的爱，来解脱欲求不满的人的痛苦。当然还有别的手段，那就是鼓励多元的人生，建立多元的价值观。这一点，西方发达国家的确比我们做得好。美国、英国等国家通过各种政治的、经济的手段，保障弱势人群的权益，给予他们尊重。在文化建设上，煞费苦心，使各阶层的人民得到相对平等的对待，鼓励公益事业，提倡崇高理想，使社会不仅尊重有权有钱的精英统治阶层，也尊重无权无钱的公益人士、自由职业者，甚至尊重只求内心满足幸福的人。虽然这两种尊重有着量的区别，但他们的国内和谐做得还是不错的，值得我们借鉴。

当然，经济基础决定上层建筑。无权无钱者的经济保障是一切尊重的根本，西方发达国家能做到，和他们历史上的侵略、屠杀、掠夺以及迅速完成资本原始积累分不开。然而，历史毕竟已经过去，我们要向前看。要建设中国新文化，中国文化要与时俱进。

如何与时俱进？不先入为主，不因循守旧，深入研究，理智选择。中国强盛时，从不迷信祖宗成法，从不忌讳吸收外来的好东西，才造就民族文化精神的强大。汉朝刚健的雕塑吸收了游牧民族艺术，唐朝的礼仪乐——十部乐，有八部倒是外国音乐。欧洲在希腊、希伯来文化基础上，接受了草原游牧文明、阿拉伯伊斯兰文明、东方印度、中国文明的先进成分，才形成强大的文化传统，由启蒙运动开始，涵化出一整套崭新的现代性思想文化，在移民和战争不断的动荡中，造就了西方的强大和先进的文明。中国的新文化建设必须借鉴历史的先进经验。要留住绵延几千年的传统文化的根，但也必须仔细甄别，把根上的毒瘤毫不怜惜地剔去。

五四的时候，新文化运动先哲为了矫枉过正，喊出过全面否定中国传统文化的偏激口号。而时过境迁，今天一些人为了保存传统文化，走向了全面肯定传统、视藏污纳垢的传统文化为神圣不可侵犯的反面误区。这是特别值得警惕的，因为它很可能导致我们文化力建设的全面崩溃。

先看看我们怎么理解传统、利用传统。中国几千年和游牧民族抗衡的农业社会，留下了许多戕害人性的、不合时宜的东西，这些东西决不能进入我们的设计。

现在有个叫作《弟子规》的东西挺红火，一些人不仅把它看作人生圭臬，也看作教育儿童的经典读本。这个东西宣扬什么呢？

这个《弟子规》通篇讲仁爱，要学习仁爱，做圣人。可是它不讲怀疑，不讲思辨，不讲实事求是地来鉴别：什么叫仁爱？什么叫道德？只是笼统地给出很多教条。其中当然有很多做人的道理是对的，但也掺杂着很多类似我上面举的封建沉渣。大是大非好鉴别，似是而非、夹是夹非的东西最危险。我们今天还有不少人把它作为圭臬，教育下一代。这是危险的，会扼杀下一代思考、判断、创造的能力。如果拿出去给外国人看，说这是我们中华文化的瑰宝，是传统的精华。外国人一看，这有什么啊？孝顺父母，恭敬待人，不说闲话，谁不知道？不用你们中国人来教。至于父母死了三年还要哭，不吃酒肉，还要搬家，这个我们不知道，我们也不想干，我们没有中国人这么矫情。事实上我们中国人自己也没有这么矫情。

中国传统文化中的优势，并不在于礼教和伦理学，而在于艺术的审美价值，和多元涵混的和谐价值观。老子的守弱贵柔、虚静烛照，庄子的培风图南、飘风大和，完美地融合了情感、审美与理智，对塑造人的心灵、尊重人的价值、焕发人的生命光彩，有着积极的意义。汉语、国画、传统音乐、雕塑……东方式的美，有着独特的文化意蕴与魅力。

儒家在“国学热”中扮演过于重大的角色，与中华民族向来追求审美的功利性有关系。但老外是认真金白银的，儒家的很多思想，并不能符合现代的价值观；即使修了这些“文德”，远人也不会来的。儒、释、道、法、兵、阴阳、纵横……各家各派，合成中国的思想传统，这里本来就有多元的因素，有和谐社会的基础。吸收西方的马克思主义哲学，是中国文化建设的神来之笔，完成了中国从衰落到复兴的第一步。温家宝总理说：“一个民族不能没有仰望星空的人。”必须要有一批精通中国传统文化和世界文化大势，熟悉文化推广策略的人，来主导中国的文化战略，主导文化的内部建设和对外输出。

对于传统文化的正面改造和利用，其实我们有个很好的老师，就是我们先前的学生——日本。二次世界大战结束后，日本声名一片狼藉。但经过多年的文化建设和推广，日本民族的形象在世界上已基本改观，日本的文化影响力在亚洲和世界都有相当的地位。

向日本学习不丢人，韩愈说过，闻道有先后，谁在前面谁是老师。日本在现代化、全球化的过程中走在我们前面，作为文化血脉息息相通的邻居，我们有必要向他们学习。人家做得很好。

日本的诀窍有很多，我谈谈我比较熟悉的艺术这块。他们善于扬长避短。利用艺术手段，以现代观念“改造”他们的传统文化。用传统文化的元素渗入现代的意识形态，然后在艺术上精益求精，利用现代媒体的强大优势，把这些艺术产品向外推广，占领文化市场。认同了日本的艺术，也同时潜移默化地认同了日本的思想和文化，进而认同了日本这个民族、这个国家。

20 世纪兴起的三大新艺术：动画、漫画和电子游戏，在日本发展得最为繁荣昌盛。……诚然，AGC 难以代替有分量的、深入揭示社会历史本质的优秀艺术作品，但它面向青少年，事实上已经占领了青少年的艺术欣赏阵地。日本的动漫文化从二战后开始繁荣，当下的日本社会可以说人人都是或者曾经是 AGC 艺术的 fans，AGC 艺术对他们人生观、价值观的影响，起了重要作用。

青少年的人生观正在形成时期，正如梁启超先生所说：“少年智则国智，少年富则国富，少年强则国强，少年独立则国独立，少年自由则国自由，少年进步则国进步，少年胜于欧洲，则国胜于欧洲，少年雄于地球，则国雄于地球。”（《少年中国说》）引导引导，吸引才能指导；掌握吸引青少年的 AGC 艺术阵地，是我国文化战略目前的一大软肋。

随着中国特色社会主义政治经济的不断进步，文化创意产业也越来越受到国家重视，发展创意经济成为社会共识。近年来，全国形成了北京、上海、广州等多个AGC产业中心城市；三届中国国际动漫节的开展，提高了AGC产业的社会关注度，营造了AGC艺术气氛。2006年，我探访了北京石景山数字娱乐基地，亲眼目睹多个AGC企业的繁忙景象，并采访了刚成立公司的姚非拉，对他的企业成长满怀信心。

20世纪80年代出生的一批年轻人，已经登上文化建设的舞台。青年的朝气、高等教育普及率带来的知识和修养，为AGC、文学、影视、音乐等文化艺术事业输送了朝气蓬勃的血液。我相信，有一批深明大势的专业人士进行顶层设计、提供政策舆论环境，一大批创作、媒体、出版、影视生力军合力协作，利用现代传媒的强大力量，一旦形成成熟的产业链，创意经济打造的文化大军一定会为复兴之路上的中国，建设一个和谐、强大、青春的新文化。

请允许我篡改一下梁启超先生的雄文："美哉我文化中国，与天不老；盛哉我中国文化，与国无疆！"

作者为《青年文摘》编辑

解读高占祥的文化力

林　青

我们生活在一个美与丑、善与恶、真与假共存、共生而又相互争夺，相互吞噬的以至彼消此长，此长彼消的世界。然而，世间不存在纯美的极致，善良的极点，真实到极端的境界和人物，即使最晶莹的宝石也含有杂质，最善良的生灵也要靠吞噬其他的生灵来维生。貌似真实的事物往往也依然有未被认识，未被体察到的假象存在，人类的生存及其文明进步，就是一个不断逼进真善美的极致而又永远难以达到顶峰的奋争过程和自我更新的过程。品读高占祥的文化力，感觉到他对生存的智慧的大胆探索的勇气和对文化历史的责任感，以及不遗余力地挖掘埋藏在人类文化深层的巨大潜力，进而认识文化对于人的主体作用，他提出文化力是软实力的核心，是一种很明智的洞见，是对人生的健康发育十分有益的。

高占祥：文化是文明的基石，文化是一所无形的学校，它凭借文化力对人类文明发展的引领产生巨大的影响力，它把时代的灵魂，未来的光明，送进人类的心灵深处，正如胡锦涛同志指出："一部人类社会的发展史是人类生命繁衍，财富创造的物质文明发展史，更是人类文化积累，文明传承的精神文明发展史，人类社会每一次越进，人类文明每一次升华，无不镌刻着文化进步的烙印”，所以高占祥在书中还说：文化是人类的灵魂，文化是人类的第二个太阳，正是文化使人类走向文明的大道，使人类脱离了一般动物界，哪里有文化哪里就有文明的足迹，哪里没有文化哪里就充满着荒蛮。

所以人类向智慧的生活方式进化，决不是为了增进痛苦，而是为了减免苦痛，高占祥说：当今人类世界的文化张力发生着剧烈的震荡，原因在于现代文明的失衡，人类社会在拥有巨大的财富和物质能量的同时，却忽视了具有先导作用的文化力和精神智慧。所以思考文化力实则是人的生命整体对人类进化环境的渴望，是人类寻求真正和谐、有序、乐观、康健生存下去的必然选择。所以一个人是否富于生活智慧，不光要看它有没有创新能力，在发展人类文明生活水平的事业中有无奉献，还要看他是处于一个什么样的生活状态？是在怎样的安排着自己的生活，这方面，西班牙作家伊巴涅斯说得很好，他认为：“人的才能就在于使生活快乐起来，在于用灿烂的色彩使他生活的阴暗的环境明亮起来。”这就是高占祥的文化力给我们的启示，人究竟为什么而觅求生活智慧？高占祥在文化力一书中回答是十分明确和十分具体的，即是为了生活快乐，这也包括自身和他人的。

高占祥的文化力是告诉和警示人们，只顾自身生活快乐而不顾及他人生活状况以所谓的智慧是不够高的智慧，连自身生活快乐都未曾做到就更难顾及他人生活状况，那是品格层次低下的智慧，只有有助于与他人共欢乐，与环境共优美的智慧才是属于高层次的智慧。这样生活的人,既使处于十分艰难困苦乃至危机四伏的环境,也能以特有的机智和才能创造欢乐的生活氛围,成为激发乐观情绪的公认领袖,给环境阴暗的色彩报去一缕明艳的光芒,给处于低沉的心绪的同伴送去一掬获得转机的希望。这就是高占祥所展示的文化凝聚力。那么高占祥文化力提出的也就是奉献的理性内涵,他用许多的实例论述,索求甚少,给予甚多,为人类文明进步锲而不舍地创新、开拓,以至为维护国家的利益和民族的生存而不惜牺牲个体利益和生命者,确是属于最受爱戴,最令人崇敬的人,他们无疑是社会的中坚、民族的脊梁和人类的标兵。但是,如果从通常的意义和时代的力度,进一步求索在正常环境下,个体奉献的理性内涵,那么在当代,所谓最佳奉献状态的深层基石是应该建立在对自身生命潜能的深层开掘和充分利用上,而且要看这种开掘与利用,是否做到与时代同步,即是否能产生促进人类文明进步的精神力量与物质成果。

实际上,除了个体需要奉献生命的特殊状态以外。一切的人,都不可能做到把自己所创造,所拥有的一切都奉献,一切的人都只能在满足个体必备生存条件的基础上(高尚者可以做到排除奢欲)做出尽可能多的和尽可能好的奉献。卓越者所追求的大多表现为尽可能的扩大延伸,升华为他人,为社会所做的奉献与自身生存需求之间的比例、质量和价值,就是说,使自身占有部分,在自身创造的财富的比例中尽可能地微不足道。也就是说,使人类社会由于自身的存在而获得尽可能大的“纯粹价值”和良好影响,这种为人类奉献值越大,自身生命世界也将变得越宏大。然而对自身世界的感触也会越强烈越深刻,距离无私奉献的境界也就越近,这就是高占祥文化力所展示的整体内涵,他把个人的记忆和积累用鲜活和朴实的文字抒写出来，这种理性的思考，给这个时代赋予了崭新的意义。

在经济大潮冲击下的今天，人们越来越感到物质有强大的诱惑力，这种物欲渗入人们生活每一个细节，奴役着人们的灵魂，从而使多数人成为行尸走肉，长此以往将会把整个民族拖入罪恶的深渊。所以高占祥说："文化力的价值在于，过去以文明和文化经济，在新的文化创造中诞生出新概念，新方法，新途径，新理论，新精神，以开创人类新的生活和新的时代，只有这种永恒的文化力，才使事物永远处于新陈代谢的状态，使世界永远是一个生机勃勃的，日新月异，万象更新的世界，文化力改变人的思想性质，改变人的情感和良知。"

高占祥在对历史文化现象的叙述中，极力要探究人类悲剧的思想根源。因此，他的文化力始终围绕着自由理念思考人类的处境，追问生命的存在。对于高占祥而言，真理和现实的关系不是形而上的，而是还原生活中的自我生命体验，与历史对照，是为了更为理智的思考自身处境。有时，生命自由之门是以自我审视开启的，前提是彻底的批判精神。高占祥的文化力是一个知识分子精神立场及独立思考的自觉意识，对人类命运充满忧患意识。高占祥在文化部工作多年，在文化艺术广袤的土地栽种，是人道主义和正义，是人类的信念。只有这种信念，灵魂才可以在苦难后复生，这种精神力量，来自于他对民族源远流长的文化传统的继承，只有浑厚的思想的积淀才能孕育出这样的思想火花。

品读《文化力》就像和一位智者在对话。它能告诉你用怎样的风景，可以把世界风光染得多情。它还告诉你用什么样的色彩，能把你人生迷人的景观辉映得更绚丽。

文化力这个多情的韵律，使大自然的声音变得更加宜人。只有文化力，是诱发一切美思、美情、美景、美声、美色、美韵的源泉，由它所孕育的情景，是世间唯一可以和大自然的绿色以及一切美丽的含灵之物相媲美的人文景观。所以不妨说：文化力，又是可以超越世间一切景物之美的本原！山川的壮丽，惟因有了它的濡染，多了几分神奇；古老的文化遗存，惟因有了它的介入，多了几分活力。难怪耳聪目明的哲人，在世间作人生逍遥游，最倾心的乃是观看由文化所导演的优美情景、情境；最痴心的乃是倾听文化与自然风景的对话。

所以，当人们学习文化开始了人生旅行的一刹那，且不可粗疏：这乃是自身作为一处令人叹为观止的青春景观，开始跻入了特别令人瞩目的风景线。你的情思的内涵，情韵的质地，情景的色调，同时成为人们由衷欣赏的对象。对的行止，将被一切富于青春思维活力（并不只包括年轻人）的人们，视为与一切真、善、美的风景的对话——包括与自然风景、人文风情的对话。且不可无视自身所扮演的这一无比崇高、无比美丽的角色，且不可以漫不经心的失态、无所作为的心态，辱没了世人那一双双欣羡的眼神和期待的目光……。

只有对文化力的充分理解和运用，你的人生才能托举出美的色彩，表达着的是一种青春思维的美轮美奂的活力！它超越了单纯的肌体和物像，形成的是一种美化世界、净化人伦的特殊氛围。

作者为黑龙江省青联委员

以发自灵魂的语言熔铸而成

——读高占祥著作《文化力》

何佳颐

高占祥的新著《文化力》以平民化的风格和抽丝剥茧的方式，将文化力提升到了“推动中国和平崛起”的战略高度而引起了中国政治、经济、文化各个层面的广泛关注。一时间，文化力与生产力一样，成为中国和谐发展的核心力量。但这一切，高占祥不是用高谈阔论的大道理，而是用深入浅出的小故事和鲜活的事例引领出来的；作为读者，我们能够读到的是作者发自灵魂深处的语言和思考。

在没有正式阅读高占祥的《文化力》之前，我曾经在各种经济、文化论文中多次见过“文化力”，在我的脑海里它仍然是单薄的、孱弱的，甚至是苍白的。

然而，在高占祥的《文化力》中，“文化力”的内涵在我的头脑里越来越厚实起来，它甚至开始一点一滴地改变我对生活、对经济、对世界的一些传统看法。不知不觉间，我被这位年长我40余岁的老人引领着，被他的文化力学说引领着……

一、学者的严谨

高占祥被国学大师文怀沙称为文化力的发掘者。他以严谨的治学态度，从文化的元素力、潜移力、吸引力、影响力、竞争力、创造力、生产力、思维力、先导力、孵化力、和合力、微调力、平衡力、形象力、破坏力、安全力、扬弃力、凝聚力和永恒力等21个方面充分论证了“文化力是软实力的核心”。

这一具有原始创新意义的论断不仅是对中国文化建设历史性贡献，也将对中国经济、政治、外交等方方面面产生巨大影响。

在高占祥看来，文化是文明的基石，文化创造核心价值观，文化凝聚民族精神，文化创造和谐社会，文化促进科学发展，文化引导公平竞争，文化满足精神需求。他指出，“文化蕴涵着巨大的力”。他认为发掘并推广这种“力”，是人类寻求真正和谐、有序、乐观、健康生存必然选择。并由此，高占祥找到了考虑“人类的命运和生存”的出发点。他对文化力的思考和发掘也因此而具有了形而上的哲学意义和价值。

二、散文家的平实

作为官员出身的学者，高占祥的《文化力》没有官腔，也没有学院派的高深莫测，他直接选择了平民化。全书由21个大的板块组成，每个板块都分成若干小节，每个小节的字数多则千余，少则几百。而每个小节文字又都由新闻事实、历史典故、寓言故事与精辟的论述构成，共涉及96个国家和地区、260位名人，引用了400多个数据，引证了200多个事例。

在整部《文化力》中，我们看不到一点点官员的正襟危坐，也看不到某些故作高深的学者的拿腔作调。从字里行间，能够读到的是一位博学长者的耐心，一位普通长辈的慈爱，当然，还有一位中华赤子的家国情怀。

因为这一点，《文化力》与读者不"隔"，它可以是案头之书，也可以是旅行之书；可以作为愉悦性情之书，也可以作为深入研究的学术著作。

高占祥的《文化力》，在不知不觉中已经向读者"发力"了。合上全书，我们发现，散布在全书中的"满天星辰"，构成了规范有序的"浩瀚宇宙"。

三、浓浓的赤子情

不久前，高占祥访美时接受了华语国际通讯社记者的采访。高占祥谈到他的《文化力》一书的写作背景时说，写作这本书主要原因：一是针对国际上物质与精神失衡的现状，当前物质的社会在闪烁着科技发展的光辉的同时，道德却显得黯淡无光。这是一个物质的巨人和精神的侏儒的时代。可惜很多人没有清楚看到这一失衡症的存在。二是中国改革开放30年以来，在经济快速发展的同时,出现经济腿长、文化腿短的情况。此现象引起了人们的思考与担忧。因为“有了文化穷不久,没有文化富不长”,这是被很多实践证明的。三是中国社会已经出现现实与建设小康社会发展目标不适应,物质的发展与精神生活不适应,现在文化落后现状与中国在国际上的地位不适应的情况。中国社会要有大的发展必须要靠文化力的力量。

这是赤子之语。《文化力》是赤子捧出的赤子之心。这是一颗中华赤子之心,也是人类赤子之心。

高占祥多次强调,衡量一个民族的强弱,精神力量是国力之王、之冠,是第一力量。如果一个国家有很强的民族精神,其他方面都有希望。而没有文化的经济是没有灵魂的经济,没有文化力支持的经济不可能长期稳定地发展。他认为,文化是人类的灵魂,文化是人类的第二个太阳。他以一颗赤子之心呼唤大力提升文化力,解放文化力,发展文化力。

我们有理由相信,高占祥的发自灵魂的语言熔铸而成的《文化力》,将引起越来越多的关注。

作者为学者

二十一世纪需要文化力

——《文化力》书评

李文治

核心提示:作者不仅仅局限于理论的探索,还把理论与实践相结合,分析了当前社会现状及各种文化现象中存在的问题。

"文化力是软实力的核心",文化部原常务副部长、中国文联党组书记高占祥创造性地提出了这一重要论断。《文化力》一书是高占祥同志的又一力作,作者努力把握文化力的主体性,由精神力的发掘切入文化力的核心价值,详尽展示了作者三十年"文化之力"研究的最新成果。

《文化力》共分 21 章,作者提出"文化元素力"、"文化思维力"、"文化钝感力"、"文化孵化力"、"文化扬弃力"等全新观点,融合中、西方文化精华,引用古今中外大量的数据和案例,对文化力所涉及的理论和实践问题进行了全面的解读。

作为传统文化的探究者,作者专注于文化元素力的历史作为、现代作为、未来作为的深层发掘,引领读者体验着文化元素跨越时空的穿透力，徜徉于中华民族传统文化悠久的历史和灿烂的未来。

作为不倦的思想者和拓荒者，作者崇尚独立思想和独立精神，追求原创性和锐意求新。他指出“当思维与文化知识、奋斗目标以及获取财富的欲望结合在一起时，便会产生强大的思维力。”

作为专注的学者，他既有智者的冷静，又有勇者的智慧。作者认为，世上有各种各样的人，千差万别在钝感力。文化钝感力，“正是人们向崭新的领域挑战时能够获得成功的原动力”。

作为文化战线上的领导者，他从国家战略全局的高度，提出“文化安全力”这一“警世通言”，指出“文化安全成为与传统的军事安全、经济安全、政治安全同样重要的国家安全的一个方面”。

作为一位从童工成长起来的共和国文化部长，作者既是文化事业的领导者、开拓者，是文化创作的行家里手，也是一位好文学、善诗歌、懂戏剧、醉书画、爱舞蹈、迷摄影的多才多艺的文化行者。他对文化理论的发掘，对文学艺术的追求，对人生观、价值观的探索，令人肃然起敬。

纵观全书，最宝贵的特点还在于，作者不仅仅局限于理论的探索，还把理论与实践相结合，分析了当前社会现状及各种文化现象中存在的问题，提出了把握文化力的核心，充分发挥其潜在优势的有效方法与途径。

21 世纪是文化力凸显的世纪，也是文化力与物质力相互交融的新世纪。从这一意义出发，研究和发掘文化力在国家崛起、民族复兴、经济腾飞、社会发展、文化建设中的地位和作用，显得尤为重要。《文化力》作为脍炙人口的精神力作，具有很高的学术价值和独特的阅读品位。

作者为青年学者

《文化力》，力在文化意义

王青青

一

好的文字、语言，不仅带给人们阅读享受，还能开阔人的眼界，启迪人的心灵，鼓舞人的精神。具有文化意义的文字、语言可以流传百世。如毛泽东的“谦虚使人进步，骄傲使人落后”；范仲淹的“先天下之忧而忧，后天下之乐而乐”；刘禹锡的“山不在高，有仙则名，水不在深，有龙则灵”……。

高占祥同志的《文化力》是一部追求文化意义的著作。无论是绪论，还是目录、导语、正文，无不散发着浓郁的文化品位，是一道精心烹制的色香味俱佳的精神大餐。本书涉及98个国家和地区；有256位国际名人出现；160位中国大师、领袖、名人、科学家、英雄、模范人物先后出场；使用了1 885句格言、名句和座右铭。

《文化力》在绪论中明确提出“文化力是软实力的核心”，并高度概括"在软实力范畴，文化具有主导性；在硬实力范畴，文化具有先导性。"短短两句话，让人过目不忘。"过目不忘"，主观是记忆力好，客观是语言精彩。

《文化力》正文共21章，诸如"文化元素力"、"文化永恒力"、"文化钝感力"、"文化微调力"、"文化吸引力"、"文化影响力"……有节奏，有铿锵，有抑扬，阳刚之气与阴柔之美交织而成的主旋律搭起了全书的总体框架。正文的每一章都有千字文导语，新颖、独特、引人入胜。

据统计，世界上掌握词汇量最多的是莎士比亚，约为2.4万条；其次是列宁，约为2.1万条。《文化力》至少有一万条以上的词汇，既可以当文章阅读，亦可作词典检索。《文化力》的文风、态势、语言、构思可以为高中生的作文、大学生的论文、机关公文的范文所用。

二

书籍是作者与读者共同创造的产物。作者功在投入，读者功在产出。

名人伟人创造概念。这概念是创意，是主张，是方针，是国策。

在中国的抗日战争时期，速胜论不对，亡国论不可，毛泽东的"论持久战"才是抗战胜利的法宝。

香港问题如何解决？邓小平创造了"一国两制，港人治港"。

语言是时代的产物。妙语是强有力的浓缩的"诗"。中国文化是我们中华民族的根，是盛开在每个人心灵上的一朵花。妙语通过视觉的线条和形象的语言讲述中国文化的辉煌。

《文化力》一书创造和引用了大量与时俱进的名言警句。

在绪论中，引用中共中央总书记胡锦涛同志的名言："一部人类社会发展史，是人类生命繁衍、财富创造的物质文明发展史，更是人类文化积累、文明传承的精神文明发展史。人类社会每一次跃进，人类文明每一次升华，无不镌刻着文化进步的烙印。"

在"文化先导力"一章中，引用中共中央政治局常委、国家副主席习近平同志的名言："经济是血肉而文化是活的灵魂。"

在"文化影响力"一章中，自创名言："文化影响力是世界上除正规教育外的'第二教化'。"

在"文化思维力"一章中，自创名言："中华民族应从以'勤奋'著称转到以'思维'著称上来，让思想冲破'牢笼'。"

在"文化微调力"一章中，自创"微风威风"一语。

在"文化钝感力"一章中，颇有创意地写到"钝感力为'以柔克刚'、'韬光养晦'、'后发制人'、'养精蓄锐'、'大器晚成'的老词语增加了新的风采与精深内涵。"

在"文化潜移力"一章中，引用一位著名企业家的名言："一年成功靠幸运，三年成功靠经验，五年成功靠制度，二十年成功靠文化。"

在"文化破坏力"一章中，自创名言："力的方向向前，就会推动事物向前发展；力的方向向后发展，就会导致事物倒退。"

在"文化永恒力"一章中，自创名言："世上没有永动机，却有永恒力。"

千字炼句，万里挑一。

三

1950年，英国著名学者罗素以《婚姻与道德》一书获得诺贝尔文学奖。他所树立的简洁明快的散文风格，是他成功的原因之一。

有“理”源于有“例”。《文化力》采用夹叙夹议的写作方法，将一些旧的事例，注入了新鲜血液。既有形象思维，又有抽象思维，有的一句话就是个警句，一个例子就是个典故。可谓是：语言精彩，万千语句选其精；事例绝伦，千万事例选其奇。读后让人拍案叫绝，爱不释手。

在“文化元素力”一章中，讲述一个印刷厂工人将《中华人民共和国婚姻法》实行“一夫一妻制”，错拣字为“一天一妻制”，幸亏被检查员发现，及时补救。这个例子不仅奇巧，而且在情理之中，意料之外，自然天成。

文字乃文化元素符号，是人类启蒙教育的钥匙。与外界隔绝的大脑是“死脑瓜骨”，文字元素符号“撬”开了“壳”。文字改变了盲聋哑人海伦·凯勒的命运，就是这样撰写的：在最初的一两天里，萨利文教海伦认第一个字“水”，把字母拼写在她手上。一周后，海伦认识了“水”、“水杯”等几个字。三周之内，海伦认识了“水”、“水杯”等18个名词和3个动词。一个月后，她俩来到水泵旁边。当萨利文抽水时，让海伦端水杯守候在喷水口前。在冷水注入水杯时，萨利文在海伦的另一只手上拼写“w-a-t-e-r”（水）这个单词。海伦大吃一惊，丢下水杯，站立不动，脸上出现了新的表情，反复拼写“水”字，蹲在地上问地面的名称，转身问老师的名字……在短短几个小时内，萨利文往海伦的词汇里添加了 30 个生字。

《文化力》是作者近三十年关于文化之力的研究成果。他站在时代的高度，以全球的视野，独特的风格，深刻地论述了文化的性质、功能和作用，具有重要的现实意义和深远的历史意义。

科学的凸现在于填补空白。文化著述的创新在于扬弃故我的已知，撰写新我的未知。文化著述若没有哲学的思维，就没有深度。《文化力》的文化意义，是哲学的内在表现。

《文化力》源于著作者的学习力。

作者毕业于北京大学，美国威斯康辛大学麦迪逊分校新闻和大众传播硕士学位。现为北京天品文化艺术有限公司董事长。

文化所蕴涵的力量智慧

史　青

我最早接触到“文化力”这一课题是在1999年，那年世界史著名专家朱寰先生为我策划的《西方文化要览》一书作序，他在序中说：文化研究要突破“将文化仅视为意识形态的传统观念”，要从“大文化观的角度研究文化”（即要研究物质文化、制度文化、精神文化）；要“把文化力当作生产力和经济的重要因素看待”；认为“文化力是综合国力的重要标志”。虽然已经提出了“文化力”的概念，也试图从文化史的角度予以说明，但并未对“文化力”理论作进一步的论述。

2007年10月我读到高占祥先生的新著《文化力》。这是一部在“文化力”研究上全面深入的创新之作。这部书把“文化力”作为一个专门课题来研究。虽然人们在生活中天天离不开文化，许多文化人想的、写的、说的也多是文化，有的文化企业在靠文化创意生存发展，但是许多人并未认识到文化是一种力量，是构成国家软实力的重要组成部分，更未对“文化力”的构成、特性作过深入思考。这本书明确提出“文化力”是软实力的核心：认为文化是文明的基石，可以创造核心价值观，凝聚民族精神，创造和谐社会，促进科学发展，引导公平竞争，满足精神需求，所以对文化的力量不能不高度重视，不能不深入研究。

那么文化究竟具体有哪些力量呢？它的特性是什么呢？它如何发力？发力的方向不同，作用又有什么区别呢？这部书对此作了全面说明。它认为文化力包括元素力、潜移力、吸引力、影响力、竞争力、创造力、生产力、思维力、先导力、孵化力、和谐力、和合力、微调力、平衡力、钝感力、形象力、破坏力、安全力、扬弃力、凝聚力、永恒力。可以看出，这些具体入微的“文化力”多是高占祥先生从实践中感悟到的。读了这本书你不能不为“文化力”的神奇所吸引，也不能不感叹作者对“文化力”的痴情与投入。当然这本书讲的文化是侧重于精神文化。

这部书虽然是一部理论著作，但很好读，易懂又有趣。在探讨每一种文化力时先有一段散文式的导读，然后有生动的案例来证明。比如第八章谈“文化思维力”，第一节中讲到逆向思维，这是人所皆知的，但书中所举案例却是很有趣的。案例之一是，科幻小说中曾有可以向后发射导弹的飞机，俄罗斯的科学家居然研制出了可以向后发射空对空导弹的SU-35战斗机。一般战斗机发射导弹都是瞄准前方的目标，而俄罗斯的科学家却用逆向思维，另辟蹊径，设计制造出让对手望而生畏的新武器。案例之二还是俄罗斯的工程师米海依尔设计并研制出往地下发射的钻井火箭、穿岩火箭，以及穿透北洋冰层的火箭。用这些案例生动地说明打破常规、逆向思维，“颠覆一下老思路往往可以催生一件新产品”，把幻想变成现实。

这部书不是那种概念—分析—概念式的纯学理性著作，而是立足于文化大发展的战略思考与实际对策研究，是充满智慧的“文化宝典”，对从事实际文化工作，探求文化企业发展思路的领导者富有启示。比如目前图书出版正面临许多挑战与难题，读了这本《文化力》就会得到如何开拓创新的启示。究竟哪些作品对读者有吸引力，书中作了不少分析：新奇独特的作品；贴近群众的作品；名人、名作、名角的作品；大悲大喜的作品；传统与现代对接的作品；艺术与科技嫁接的作品……书中还列出一个公式：想象力 + 幻想 = 吸引力。这些探讨对出版人广开思路，提高品位，赚取利润都是有帮助的。

这部书的语言风格简明、亲切、生动、精粹，富有感染力。比如书中指出：“人类社会在拥有巨大物质财富和物质力量的同时，却忽视了具有先导作用的文化力和精神智慧。世界闪烁着科技文明的光辉，而道德信仰的灯塔却显得黯淡。这种失衡现象，似乎有一种物质巨人裹挟着精神的侏儒茫然前行之感。我们应该清醒、理智地注意这个时代的病症了。”我想每个读过这本书的人，都会在心灵上受到触动，要求自己从文化和精神的贫乏走向丰富。学会认识、利用、开发文化力，对个人可以丰富精神生活，对企业可以积聚文化财富，对国家可以增强国力，我们应当这样认识和行动。

作者为《商报》编辑

企业文化打造新型中企

高嵩山

近日拜读了高占祥先生的大作《文化力》。其中最引起我共鸣的是文化先导力，即文化对于经济建设的先导性的探讨。在此，我想用中国国际技术智力合作公司(中智)的发展历程及其成功经验证明高先生观点的正确性。

中智是中央直接管理的国有重点骨干企业，成立于1987年，以人力资源服务为主业，以投资与贸易服务为适度多元发展领域，是具有高度竞争力和领先性优势的全新创业组织。公司总部设在北京，在境内外设立72家分支机构，在76个国家和地区开展了广泛的经济技术人才合作公司。2006—2008年，中智列中国服务业企业500强——人力资源服务业第一位，荣获国资委“社会服务业优秀水平”评价，蝉联“中国人力资源行业最具影响力第一品牌”，在世界顶级人力资源企业中排名第16位。

中智由20万元人民币起家，短短20年时间发展到如今拥有几十个亿资产收入的规模。中智的创业史充分表明：对精神的追求、对人的价值的追求、对文化的追求是成功的最重要源泉。

第一,中智有一种精神:在任何困难和挑战面前保持对自己力量的信心。回想在创业的整个过程中,我们一共经历了六次全局性的危机,小危机更是数不胜数。人是要有点精神的,有了这种精神,什么人间奇迹都有可能创造出来。我们不可能包揽天下,但是只要有可能性,我们就要干下去。

第二,我们有一个坚强的团队,“人”是中智最大的资产。如果我们没有人,不爱惜人,不珍惜人,不把人当成最大的资产,那我们所采取的就不是一种最具有精神的模式。相反,也正是这样一种尊重人的价值的精神,才使我们走过了这二十年。中智有一个“让干活的人快乐”的企业文化。我们期望“和而不同”。我们鼓励人们坦率交换意见,鼓励人们提出反对意见,这对创业有好处,对成长有好处,对发展到今天具有一定规模并渴望更大发展的我们更有好处。我们所做的一切除了为国家和公司增加财富以外,还要给大家增加更大的快乐和财富,更多的信心和向往,更多的别人没有的东西,这是我们办公司的根本宗旨之一。员工的快乐是我们制胜的基因。

第三,我们有一种“理论联系实际”的本领。在中智公司的发展过程中,我们每次碰到新的困难,总能够将理论与实际结合起来,创造出一套新的做法。这个理论集中表现在公司战略的制定、创新和不断完善方面。可以想象,如果没有理论的指导,公司的实践的局限性是巨大的。我们秉承“思路决定出路”、“人与人之间能力差距就体现在八小时以外”的理论。正是我们把这种学习精神和不断将学习与实践结合起来的本领应用于我们选择战略和业务的各项工作始终,才慢慢形成了中智公司现今独特的风格和道路。

中智意味着文化，一种充满信心、勇于探索、求同存异、精益求精的文化。中智以自信、创新、融合、专业为支柱去努力奋斗，以积极的方式应对现实，以无穷的热情、精力和智慧达到力所能及的目标。中智的发展验证了高先生书中的观点："文化对于经济建设的推动力，对于思想建设的感召力，对于环境建设的辐射力，对于人才建设的铸造力越来越大。""文化先导力具有凝聚人心、统一意志的力量。"

文化是文明的基石，没有文化就难有企业的大发展。

作者现任中国国际技术智力合作公司总经济师

好雨知时节

——高占祥《文化力》出版座谈会侧记

李继伟

近日，由北京大学出版社、中华名人协会等单位主办的高占祥《文化力》出版座谈会在北京举行。万绍芬、毛福民、刘兰芳、文怀沙、苏叔阳、王明舟等文化艺术界人士70余人出席了座谈会。

与会代表对《文化力》给予了高度评价。国学家文怀沙认为，《文化力》一书高屋建瓴，不仅找真理，而且找“善”理，在当前这个时代，如此倾心研究文化力是了不起的事情，创作《文化力》功德无量；北大出版社社长王明舟谈到出版《文化力》的感想时说，之所以推出《文化力》，旨在推动全社会都来关注文化建设，这与胡锦涛总书记十七大报告中“推动社会主义文化大发展大繁荣”的精神是相符的。从提高社会成员的人文素质、塑造美好形象、建设和谐社会方面来看，这是一本很好的人文读本。北京大学哲学系主任胡军也认为，《文化力》的出版是“好雨知时节，当春乃发生”，是很及时的。原江西省委书记万绍芬从自己的阅读感受出发，认为《文化力》一书与十七大精神非常契合。原中央档案馆馆长、国家档案局局长毛福民认为，认真研读《文化力》，对于深入理解十七大关于发展、繁荣社会主义先进文化的精神，是很有帮助的；苏叔阳评价《文化力》一书最大的特点是，它把生活中人人见到但是并没有很好思考的感性经验给予理论提升，既把文化讲得通俗易懂，又不丧失其高贵的学术性，这种完美的结合是作者令人称道的地方。

《文化力》一书是高占祥近 30 年关于“文化力”研究的成果。该书从文化对人类自身、社会和国家等方面的巨大作用出发，透过语言、历史、心理、教育、政治、经济、管理等众多层面，从文化元素力、文化先导力等多种角度，深入而广泛地剖析了文化无处不在的巨大力量。并在此基础上将理论与实践相结合，大胆而细致地提出了把握文化力、充分发挥其潜在优势的有效方法与途径，以全球的视野和未来的眼光，从战略的高度，论证了文化力在国家崛起、民族复兴中的地位和作用，提出了发人深省、富有创见的思想和观点，具有很高的学术价值。

高占祥在研讨会上也作了发言。他说，文化力渗透到社会各个领域、各个方面，文化力的影响可以说是无边的、无限的、无形的。创作《文化力》，不仅是着眼于中国，也是着眼于世界；不仅着眼于今天，而且着眼于历史、现在和未来。

作者为高占祥工作室工作人员

致高占祥先生（诗二首）

空林子

一、在朝在野只书香

农子居然登高庙，
在朝在野只书香。
痴心已印千层纸，
傲骨终成百炼钢。
月下何堪诗落寞，
都中谁与舞飞扬。
古今一览全才客，
不许东坡独自狂。

二、铮铮男儿骨头硬

洪荒裂变天地崩，
夸父追日救苍生。
铮铮男儿骨头硬，
飞蛾扑火奔光明。

作者为著名画家

诗赞《文化力》

张文麟

高占祥先生力作《文化力》凡二十一章。其主题宏大，内容翔实，观点新颖，例证丰富。对当代文化进行了全面而深刻的论述。其真知灼见，不可多得。谨拟七律二十一首（一章一诗）以赞之。

一、文化元素力

仓颉造字鬼神惊，表意象形巧而精。
百代文明凭记载，千秋青史赖传承。
汪洋恣肆颂风雅，妙趣横生赋比兴。
放眼环球汉语热，天涯海角读书声。

二、文化潜移力

传道何须话语频，无言桃李自清芬。
潜移胜过千层浪，典范犹及万斛金。
孟母择邻重教化，管宁割席少沉沦。
劝君莫笑邯郸客，毕竟初衷是创新。

三、文化吸引力

汉赋唐诗两宋词，梨园歌舞寄情思。
阳春白雪能传世，下里巴人可解颐。
普及提高双羽翼，发扬光大一盘棋。
赏心悦目无穷意，惹得粉丝尽着迷。

四、文化影响力

人文影响力无穷，穿越时空耀日星。
经典源源盈宝库，华章历历启心灵。
巡游万仞图书府，经历八方翰墨城。
倘若混沌犹未了，不知何处有文明。

五、文化竞争力

争锋夺势起风云，物竞天择万古存。
博采兼容须辩证，继承摒弃好传薪。
知人知己长击短，有守有为土变金。
数典虔诚莫忘祖，千年故国又芳芬。

六、文化创造力

科学演进似行船，文化知识巧作帆。
跨海挟山非梦想，飞天入地等闲看。
若无灵感频光顾，哪有脑筋急转弯。
创造发明千百万，一招更比一招鲜。

七、文化生产力

文化巨舰已启航，朝阳产业振家邦。
二为双百争先进，八作七行乐未央。
精品煌煌生五彩，人才济济汇一堂。
软实力要硬发展，不信苍生不小康。

八、文化思维力

文明自古重思维，俯察仰观着意追。
遥想天涯凌宇宙，近临咫尺到睫眉。
牢笼冲破少僵化，灵感顿开尽发挥。
人类神通无限大，宛如原子反应堆。

九、文化先导力

先知先觉早绸缪，举重若轻巧运筹。
胸有成竹排万险，心无点墨惹千愁。
人情练达生灵感，世事洞明出计谋。
文化恰如推移力，一帆风顺泛中流。

十、文化孵化力

行端履正重如山，养育栽培在少年。
国学渊深须甚解，新知广博要钻研。
升堂入室求真谛，聚义怀仁溯本源。
幸有阳光和雨露，引来绚丽百花园。

十一、文化和谐力

和谐雅韵似鸣琴,天下何曾爱噪音?
好鸟枝头传友谊,落花水面舒胸襟。
行为规范仁和义,道德准则善与真。
但愿天涯共海内,万方乐奏四时春。

十二、文化和合力

山连丘壑气如虹,海纳百川碧水滢。
博采三家儒释道,调和五律角商宫。
聚沙为塔巍巍重,集腋成裘款款轻。
试看缤纷环宇内,求同存异共前程。

十三、文化微调力

微风细雨洒青苹,万木葱茏照眼明。
热浪层层宜冷静,雷霆隐隐莫填膺。
惠泽不用移山力,润物何须动地声。
纵有纤尘勤拂拭,莺歌燕舞起箫笙。

十四、文化平衡力

阴阳相谐辟鸿蒙，心态平和善执中。
荣辱得失应淡漠，刚柔进退巧玲珑。
瞻前顾后去偏见，鉴古知今可变通。
苦苦甜甜全不睬，坦然相向乐融融。

十五、文化钝感力

钝感蕴涵智慧经，每临大事总从容。
积学养气多磨砺，摄魄牵魂尚折冲。
若能攻心而夺志，何须盘马又弯弓。
天宽地阔任谈笑，羽扇纶巾建殊功。

十六、文化形象力

形象从来映内心，言谈举止现真身。
光风霁月声名远，至性纯情涵养深。
德艺双馨生玉树，文质并重启琼林。
高山仰止勤修炼，磊落平生不染尘。

十七、"文化"破坏力

作品杂陈须设防，泥沙俱下费评章。
伤风败俗销魂魄，纳垢藏污起祸殃。
腐蚀心灵似鸦片，消磨意志胜砒霜。
旁门左道应清剿，文化垃圾一扫光。

十八、文化安全力

世事纷纭年复年，意识形态隐硝烟。
请君入瓮互联网，破釜抽薪话语权。
金戈铁马守壁垒，坚兵利甲铸城垣。
自尊自立自强健，再续中华锦绣篇。

十九、文化扬弃力

博采众长义理真，精心取舍出经纶。
抱残守缺隐忧患，吐故纳新扫旧尘。
戒律束缚怎墨守？陈规冲破长精神。
莫愁前路多艰险，淘尽黄沙始到金。

二十、文化凝聚力

文化因子传到今,根深蒂固伴终身。
地藏磁石能吸引,天蕴灵犀可会心。
同祖同宗多眷顾,隔山隔水亦相亲。
炎黄儿女团结紧,凝聚中华民族魂。

二十一、文化永恒力

人类芳华不胜收,浩如湖海与山丘。
自从盘氏开天地,便有文明结俪俦。
薪火炎炎传后嗣,才情奕奕出宏谋。
生生世世无穷意,恰似江河万古流。

作者为原机械工业部高级工程师,诗人、学者

赞《文化力》

李之柔

楼高百尺又层层，
不负青光夜夜灯。
高著声传文化力，
燕堂序赞苦行僧。

作者为文化学者

永远奉献的苦行者

——读高占祥同志新著《文化力》有感

李平安

上世纪80年代初我在河北省委办公厅工作时，高占祥同志曾任河北省委副书记，可说是我的老领导了。近日，占祥同志将其新作《文化力》赐我。读着这部饱含作者心血的沉甸甸的力作我深受教育，也深受感动。

我仿佛看到一头黄牛，
自觉地戴着套、索。
拉犁，
拉车；
肩磨破，不停歇。

只为那

大地的丰收时节。
我仿佛看到一头骆驼,
顽强地在沙漠上跋涉,
任荒沙漫漫,骄阳似火,
仍不屈不挠,
向绿洲进发,
坚定,执着。
我仿佛看到一只春蚕,
它默默吞下桑叶,
又静静地、静静地吐丝,
再也不吃不喝。
它把光彩献给人间,
日夜不息,
至死方歇。

我仿佛看到一位苦行者,
任世间灯红酒绿,
曼舞轻歌,
他心不动,目不斜,
挺进,跋涉!
苦寂甘自如饴,
要追寻心中的圣洁。
啊!这分明是一位战士,
举着红旗,肩着重荷;
踏着荆棘,奋进开拓!

为着崇高的理想，
为着人民的事业，
在不停地奉献着
痴心、热血……

作者为原党建读物出版社社长

读《文化力》心得诗札

李　林

占祥老师《文化力》一书博大精深，读后受益良多，感慨万千。然水平有限，不能一一道来，故作打油诗一组，权作读书心得。

文化之力破坚冰

国学大师文怀沙先生在《文化力》序言中写道："占祥同志在挖掘文化力的过程中，十分注意文化力的'发力点'和作用点，总是以国家提出的建设目标为文化力的方向。"文老可谓慧眼，既知其书，又知其人。我辈应读其书，学其人，把握好人生的坐标。

巨笔如椽纸生风，文化之力破坚冰。
吞桑吐丝数十载，一颗爱心系苍生。

大鹏双翼击长空

占祥老师把经济建设与文化建设的协调发展，喻为人之双腿，前行时要同时行动，互为作用，相互促进。如果一个巨人，一条腿长，一条腿短，是站不稳、走不快的，再往前走会栽跟头。这话通俗易懂，形象深刻，极富哲理，发人深省。

巨人两腿有长短，岂能参赛马拉松？
争雄精研协调术，大鹏双翼击长空。

文化却生永恒力

《文化力》中有这样的警句："世上没有永动机，却有永恒力。这种永恒力来自文化，来自人类文明的创造与文明的延续。"此言令人耳目一新，拍案叫绝。当今在实现中华民族的伟大复兴的征程中，举国上下应花大力气研究、挖掘文化力，使其释放出更大的能量，发挥更大的作用。

世上绝无永动机，文化却生永恒力。
激扬五千文明史，复兴大潮不停息。

学习苦斗两件宝

《文化力》中有这样的论断:“古今中外众多人物命运的改变均与文化、知识、勤奋分不开,学习是生命的奠基石,苦斗是命运的救生圈。”这既是占祥老师对人生的感悟,又是对加速提升全民族文化素质的呐喊。时下绝大多数国人渴望成才,希望事业有成,能否如愿?就看脚下是否有奠基石,在竞争的海洋中能否获取并紧紧抓住救生圈。

百花怒放争异彩,人生处世想成才。
学习苦斗两件宝,持宝常伴春风来。

作者为高级经济师

文化力是软实力的核心

人民网论谈纪要

【人民网编者按】从童工到文化部常务副部长，高占祥成功谱写了人生传奇。而他创造性地提出的“文化力是软实力的核心”这一论断，更在社会上引起巨大反响。日前，北京大学出版社隆重推出高占祥新书《文化力》，详尽地展示出了其集三十年关于“文化之力”研究的相关成果。为了更好地了解这本书的主要内容，我们特于11月8日邀请全国政协常委、原文化部常务副部长、中华民族文化促进会主席高占祥，北京大学出版社社长王明舟做客人民网，和网友一起交流“文化力是软实力的核心”。

文化力是软实力的核心

【主持人】各位网友大家好，欢迎收看人民网的视频访谈，中华民族之所以伟大，是因为有着五千年的灿烂文化和千千万万的智者做出的努力。毫不夸张地说，文化是一个民族的灵魂，今天非常有幸邀请到了两位大家和网友一起聊文化，他们是原文化部常务副部长、中华民族文化促进会主席高占祥，北京大学出版社社长王明舟，欢迎二位嘉宾。高主席，您在新书《文化力》中提出"文化力是软实力的核心"，那什么是文化力呢？文化力的核心又是什么？跟网友来解读一下您的观点？

【高占祥】关于文化力的问题，可以说是大家比较关注的一个新的课题，在研究这个课题当中，我觉得文化力是软实力的核心。为什么说文化力是软实力的核心呢，我在绪论里面，从七个方面讲到了，其中第一点就是文化是文明的基石，文化是民族的灵魂，是推动社会前进的永恒的动力。为什么说文化是软实力的核心呢？因为文化是软实力，但是它不是软实力的全部。那么软实力的主要来源，比如说有社会文化、政治价值观以及外交政策等等，那么在软实力当中，什么是软实力的核心呢？我觉得文化力是软实力的核心。

文化力到底有多大？我在绪论里面讲到，文化力的影响是无边的，是无形的，是无限的，是无极的，是永恒的，因为它渗透到社会、生活的各个领域，说它是核心还有两点理由，一点就是说文化力能够在软实力当中起主导作用。在硬实力当中，它能起到先导作用，一个主导作用，一个先导作用，就构成了它成为核心的基本条件。这就是我的一些基本想法，讲起来很长，因为我从六个方面讲了这个，这里面我就不再多谈，因为书里面全有，我就不多说了。

【主持人】王社长，据我们所知，北京大学出版社主要是出版教育图书类为主的书籍，这次怎么会转型出版《文化力》这本书？您是赞同作者的观点，还是觉得这本书会畅销？

【王明舟】我想可能大众对北大出版社的定位还不太全面，北大出版社作为一所大学自己主办的出版社，为学校的教学、科研和人才培养服务，这是一个义不容辞的责任。北京大学出版社从它诞生的那一天起，我们就明确了我们的办社宗旨——传播知识、积累文化、繁荣学术，教育出版仅仅是北京大学出版社非常重要的一个方面，在学术出版，特别是文化传播方面，应该说北京大学出版社也是作为自己的社会责任，一直在长期不懈地坚持，所以我想北京大学出版社不仅仅是一个教育机构，它同时是一个文化传播机构，也是一个学术传播机构。当然，我想高部长是北大的教授，也是我非常尊敬的我们这个行业的老领导了，我想北大出版社对高部长有这么一本力作，确确实实是非常兴奋的，非常荣幸有机会跟高部长合作出版这个力作。

在两年多以前，我去访问欧洲的一家著名大学出版社的时候，我跟出版社的高层有一个对话，一直到现在对我震撼仍然很大。我想在西方的这些出版工作者，他们是怎么看待政治、文化，我们讨论这个问题的时候他讲了一段话，他说：中国不是最讲政治吗？我认为，你们根本不讲政治，至少我们比你们讲政治。我就想进一步问他，我说怎么理解您这句话？他讲：文化是政治，语言是政治，我认为你们，特别是你们中国的出版人对文化的重视，对语言的重视，对你们民族文化的重视，对你们民族语言的重视还远远不够，跟我们做的还有很大差距。我觉得西方的出版者他们看得非常的深远，这也是北大出版社非常愿意努力地为高部长出这本书的一个重要的理由。

【主持人】高主席，我们知道这本书涉及文化的各个方面，包括提出了很多新的观点，比如说像“文化元素力”、“文化钝感力”、

“文化孵化力”、“文化安全力”、“文化破坏力”这些观点都非常新颖，那我们现在有很多电视节目主持人常常出现一些念白字的现象，您怎么看？这个应该算什么力？给您什么启发？

【高占祥】我在“文化元素力”这一章里面讲到了一些文人，一些干部不重视、不认识“文化元素力”的重要性。常常念错了一些东西，读错了一些东西，我接触的人当中，不能说许多干部，但是有相当一部分的干部做报告时，常常有一些别字、错字。刚才你说了，有一些主持人也常常有读白字、错字的现象，因为中国的文字很多，我觉得是世界上各国文字里面最多的。我们现在一般的人，比如说中学生、高中生、大专、大本，估计着也就是读上三五千字，我们中国的汉字有五万五千个字左右，现在一般的大学生，一般的高中生也就是三四千字、四五千字，也就是说他掌握中国的汉字元素，也就将近1/10，或者不足1/10。在这样一个情况之下，读一些错字、白字、别字也是难免的，所以有时候有一些播音员播错了一些字，包括有一些文化干部，甚至有的学者也照样写一些白字、错字，这都是可以理解的。但是作为一个文人，如果不掌握中国文化的元素，那是一件很不应该的事情，有的干部在做报告的时候讲，某人某人造诣很深，说成“造旨”很深，梅花绽放读成“梅花定放”，月落乌啼读成“月落鸟啼”等等，这些啼笑皆非的现象不少，这是什么问题呢？就是忽视了文化的元素力。忽视了文化的元素力，特别是主持人就容易在空中的大课堂上读错。

【主持人】看来以后我们还要加强学习。您在书中也提到了很多，像文化安全力、文化孵化力、文化钝感力等等一些概念，能给我们的网友稍稍解释一下吗？

【高占祥】这里面文化孵化力、钝感力、安全力、先导力、永恒力等等，有些个都是过去不常提的，过去不常提人们听着就会感觉比较生疏，所以在这本文化力当中，一共写了21章，写了21种"力"，为了解决刚才主持人所提到的这个问题，我就在每一章的前面写了一篇导读，这个导读就是解释为什么叫文化元素力，为什么叫文化钝感力，为什么叫做文化安全力等等，比较准确的说法，应该说我在导读上写的这些文章，那么这里头既然问到了，我可以简单地说一点，比如说"文化钝感力"，过去我很注重"文化敏感力"，就是在知识的海洋当中，不仅仅有"文化敏感力"，而且有"文化钝感力"，那么"文化的敏感力"只有与文化的钝感力相结合，才是一种深刻的思考，才是一种智慧，一种品德、一种修养，如果没有这种修养，过于敏感，那就要出很多的问题。人际关系当中，过于敏感也容易出问题，包括夫妻之间。我写《咏荷诗五百首》当中有一首诗，就是通过写朦胧，写钝感，来写的荷花，我写的词句就是"遮天蔽日绿无涯，远看难分叶与花，恩爱夫妻应似汝，相依相伴好人家"，文化钝感力是一种大智若愚，而不是麻木不仁，更不是呆头呆脑，所以文化钝感力讲的是一种大智慧。

【主持人】您提到"文化钝感力"对我们的生活各个方面都有指导。王社长，您怎么看"文化安全力"？

【王明舟】社会发展到今天，对一个国家、一个民族来讲安全非常重要，因为涉及一个民族是否能够独立、能够生存。经济的安全当然也非常重要，我想大家都有切身的体会。那么我想发展到今天，文化的安全越来越被各个国家所重视，我们国家也是非常重视，刚刚结束的十七大，胡锦涛同志也在十七大的报告里面提出了文化大发展、文化大繁荣。文化的安全问题我觉得要从几个角度来看，我们可以设想一下，如果说我们把西方的文化全部照搬到中国来的话，若干年以后，中华民族还是不是中华民族？当然，我想强调文化安全，绝不意味着对西方、对外来的文化不学习、不借鉴，但是学习和借鉴必须要在我们吸收的情况下，能够有机地融合到我们民族文化中间，这样才能真正实现文化的融合、实现中华民族文化的发展。我想不光是中国，西方一些发达国家对文化的安全的问题也是非常重视的，高部长在这本书里面也介绍了加拿大和法国是如何重视、保护、发展他们的民族文化的，我想这一点，恐怕是我们所有的国人都应该认真思考的一个问题，如果没有文化安全，我想，我们的民族仅仅是靠经济的发达还不足以实现我们中华民族的伟大复兴，必须在经济发达的同时，我们的文化也能够发达，这才能够实现中华民族复兴。

通俗文化是文化金字塔的地基

【主持人】我们知道，近年来各种历史文化题材的书籍非常畅销，这种现象是不是说明中国的传统文化越来越受到重视了？这种现象跟“文化力”有没有关系？

【高占祥】这几年可以说传统文化越来越受到人们的重视，我觉得这是一种很可喜的现象。跟“文化力”是什么关系呢？我在这本书里面曾经讲到，优秀的传统文化是我国“文化力之源”，如果没有传统文化，就没有我们今天“文化力”的提升，所以我们提升“文化力”，倡导“文化力”，使“文化力”得到发扬，很重要的一个问题，就是要继承和弘扬我们优秀的传统文化。那么在优秀的传统文化当中，可以说有很多思想是永放光芒的，但是传统文化当中，也有一些糟粕，正确的态度就是毛主席讲的“取其精华，去其糟粕”。如果对我们中华文化做一个不大准确的描述的话，我觉得中华文化有三个圈，第一个是核心圈，就是我们优秀的传统文化，第二个圈就是民族民间文化，第三个圈就是现在的时尚文化。这三个圈互相融合、互相倚靠，形成了我们中华的文化大圈。所以说，现代文化的“文化力”都离不开我们优秀的传统文化，但是我们的传统文化也不是一座静静的山脉，而是一条流动的长河，它只有不断地注入新的时代基因，不断地吸纳外国先进的东西，才能使我们民族的文化长河不断地奔腾向前，才能使我们的“文化力”永远朝气蓬勃，推动社会各个方面的发展，这个问题我就简单的说这些。

【主持人】那在对待中国传统文化上，王社长认为最应该尊重的态度是什么？

【王明舟】我觉得我非常同意刚才高部长讲的话，我们中华民族的文化是植根于优秀传统文化基础之上，但是我们在继承优秀传统文化的同时，不能是没有发展的继承，一定要采取一种科学发展的观点，用这样发展的观点来继承，继承的同时，对于不适应时代发展的要求，对外来文化的借鉴，要在吸收的基础上借鉴，高部长的话我非常地赞同。

【主持人】高主席，您刚才提到了文化，也包括时尚文化这一块，那么包不包括现在很流行的通俗文化？比如像网络歌曲等等？

【高占祥】现在对通俗文化有不同的理解，有不同的看法，我觉得通俗文化应该是我们当今非常重视的问题。通俗文化就一定意义上来讲是一种大众文化，那么现在的流行歌曲，现在的通俗小说等等，有很多的观众，甚至于观众群很大，特别是青年包括一些少年。凡是青年、少年喜欢的东西，我们没有理由简单地来否定它,而应该研究它,青年、少年为什么喜欢它。那么在通俗文化当中,可以说也有很多好的东西,有人把通俗的文化看作低级文化,我不那么认为。通俗的文学作品当中有优秀的作品;高雅的,所谓文艺门类当中也有低级的作品,所以说不能够以某一个文艺品种来划分谁高谁低,而是应该看其具体的作品。通俗作品之所以受到人们的欢迎,就是因为它通俗,甚至于雅俗共赏,这里面有一个观点,就是通俗不等于庸俗。我们要通俗而不要庸俗,那么在通俗文艺当中、文化当中,我们有没有庸俗的东西?有。但是我们不能因为它有一些庸俗的东西而就把这种文艺门类打入地下,这个不行。你要允许有庸俗的东西出现,因为什么呢?如同如果你不允许泡沫文化的出现,那你就出不来永恒的文化,如果你草都不允许长,就出不来好的禾苗。因此,我们应该创造一种比较宽松的环境和土壤。

【主持人】王社长怎么看待通俗文化的"文化力"?

【王明舟】我觉得是这样的,文化实际上也是一个金字塔,总是有从底层到高层,我不知道这个对不对,通俗文化我觉得还是宝塔的地基,或者是宝塔的基础的地方。

【高占祥】这个比喻很好,塔基宽厚,自然就有塔尖,金字塔就会出来。您这个讲得非常好。

【王明舟】我觉得如果没有通俗文化的话,也很难产生高雅的文化,也不能成为空中的文化,没有基础的东西。这是十年以前一直在争论的一个话题。所谓社会效益与经济效益,我感觉当时一个比较主流的看法,好像觉得社会效益好的出版物一定是经济效益比较差,经济效益比较好的,社会效益就要打一些折扣。我是一直反对这个观点的,我觉得就一条,我们一个《雷锋的日记》影响了几代人。如果从作者的角度来谈，雷锋肯定不是一个学者，不是一个文人，单纯从这个角度来讲，他恐怕层次应该不是很高，比较实在，境界很高，但是从文学的角度应该说不是很高的。那我想他的经济效应非常好啊，发行了几百万册，你能说它社会效益不好吗？所以我想每个层级上都有优秀的作品，每个层级上面也都有一些垃圾，或者是一些比较平庸的作品，所以我觉得不应该排斥通俗文化。那么延伸到学术上，也是一样，我觉得中国的文化大发展、文化大繁荣，如果没有全民族文化素养的提高，就只会停留在一个口号上面，不能成为一个现实。我觉得中国一个很大的问题就是，目前，我们全民的文化素养还是比较低的，包括在发展中国家里面，在一些经济发展程度不如我们的一些国家里面。

文化大发展首要解决文化自觉问题

【主持人】两位的观点不谋而合。在不久前闭幕的十七大上，胡锦涛总书记在党的报告中，突出强调了加强文化建设，提高文化软实力的重要性，提高国家的软实力可以说是摆在我们面前重大的现实问题，两位对此有什么认识？请高主席先谈一谈。

【高占祥】这次锦涛同志讲到文化大发展、大繁荣，掀起文化建设的新高潮。这个讲话发表以后，文化界兴高采烈，在报告里面只有一处提出了掀起新高潮，而且是大发展、大繁荣。当然，这里面要做很多很多的工作。我觉得，首先要解决的还是文化自觉问题，就是对文化的认识一定要有一个新的高度，不仅仅要看到文化对于经济的依赖性，而且要看到文化对于社会的先导性，对于经济建设的先导性，欧洲的文艺复兴就是文化对社会的先导。所以，认识上去了，它的地位上去了，其余的文化投资等等的问题就能得到相应地解决。从我们国家来看，现在是在社会主义文化建设的大道上，有两个车轮，一个就是文化事业，一个就是文化产业。中央曾经提出，使得文化事业与文化产业协调发展，这样就能够使得我们国家文化建设不断地上升到一个新的高度。这次讲完了以后，我觉得中国的文化会有一个新的发展，会形成一个新的高潮，如果不这样做，中国经济要受到影响。那么我领会，中央为什么提出要掀起一个新高潮？就是因为改革开放这30年来，经济发展很快，有人说中国是一个经济的巨人，形容词，那么这个巨人，经济这条腿长，文化这条腿短，一条腿长一条腿短是难以在奔向小康的大路上走得更快的。

【主持人】王社长觉得中国的崛起在文化发展方面还需要哪些努力？

【王明舟】高部长已经谈了很多，我想补充两点。第一点，我感觉中国文化的发展，在普及和创新方面必须做出新的升级。第二点，我们文化的交流，特别是我们中华民族的文化，优秀的文化向世界更好地传播方面，我们用文化业的行话讲，走出去战略必须要有战略部署。后一个观点我想稍微的展开一点，其实中华文化在境外的传播，国家发展的良好国际氛围是非常重要的，我记得去年在和一个美国来华的访问学者一起吃饭的时候，这个人娶了一位中国太太，应该说对中国非常友好，但是吃饭的时候，我们说点一个酱驴肉吧，他就抗议，下面一句话说的比较重，说你们中国人太野蛮了，他说我知道，“叫驴”就是你们的吃法，是把活着的驴拿进来，一刀一刀地切开吃。我说不是这样的，“叫驴”是分公、母的问题，他说哦，原来是这样的。尽管我们经济有这么大的发展，但是我们在文化上面还远远没有话语权，或者说外国人对中国的了解，基本上还是建立在非常模糊的状态，可以说是不了解。那么不了解，就为我们国家的发展带来很多杂音噪语。有了这么多的杂音噪语就对我们国家不利，所以我们要踏踏实实地把“走出去”做好，这样我们才能占据主导地位，中华民族的文化才能发展下去。

【主持人】现在曲解历史文化的现象很流行，文化泛娱乐化成为当下的态势，对优秀的文化有极大的杀伤力，对此两位怎么看？

【高占祥】在戏剧、历史、小说、文学等等方面，现在也好、过去也好，常常有一些与历史不相符合的现象，那么这种现象应该看作是一个比较复杂的学术问题。比如说历史的戏剧和历史的小说，应该允许它在真实的基础上，对一些细小的细节问题进行一些虚作，把他作为一种艺术作品。但是现在有的就跟历史差的太多了，历史的基本事实如果搞错了，对后代的影响是无穷的。因为许多人都是通过戏剧、小说、影视等等来了解历史，因此，我们的作家在对待这个问题时应该有一种非常强烈的责任感。那么也还要注意一个问题，我们对于一些历史问题可以做一些重新的思索、思考，但是这种思索、思考不应该成为我们颠覆传统文化的一个令人触目惊心的东西。有一些东西是带有颠覆传统文化的色彩的，我觉得这一点也是要特别注意的。传统当中的优秀的东西要弘扬，糟粕的东西要剔除这是应该的，但是如果把历史的一些真实的、优秀的东西，或者说历史人物给颠覆了，那常常会造成一种悲哀，会造成一种混乱。因此，这个问题需要做具体的分析。

【主持人】王社长对于这种戏说历史，文化泛娱乐化现象有什么看法？

【王明舟】戏说也好，泛娱乐化也好，首先必须建立在非常严谨的基础之上，包括在尊重历史史实的基础上面，有一些文学的创造，可以更好地为广大观众服务，我个人观点觉得无可厚非。但是如果歪曲历史，甚至对一些已有定论的东西进行颠覆，提出这样的结论，我觉得如果没有新的严谨的理论依据，是很不严肃的。同时我想对于我们下一代的成长恐怕也是一个非常不负责任的做法。所以我个人虽然对一些戏说，当然是建立在严谨学术研究的基础上的一种戏说不反对，但是也不太赞成。

【主持人】还有一个问题请教两位，最近看到国外报导说未来增长最快的产业，包括电子化的出版，将在十年内迎来无纸时代的到来，不知道北大有没有这方面的考虑？

【王明舟】时代在发展，开始进入到信息时代、文化时代，我想北大出版社确确实实在做这方面的思考。但是讲进入到无纸时代，这个不应该理解为绝对的没有纸的时代，我记得互联网发展以后，十年左右的时间，国外的出版界也跟我们一直在讨论这个问题，当讨论到传统出版、纸业出版会遭到多大的冲击的时候，我们请西方的一些出版家估计，传统出版基本上被颠覆的时候我们还能活多长时间？他们说大概五年。另一个也马上反对，说不不，大概要七年，那我想现在十年过去了，传统出版不仅在中国，在世界各个国家也包括在欧美发达国家，仍然没有明显的下滑。当然，随着其他经济环境因素的不同，各个国家传统出版有升有降。那么再早一点，当时比尔盖茨提出来无纸化办公，当时他说以后不需要纸了，报告也不要纸了，事实上过去了几年以后，一个现实的统计是纸业的使用量是增加而不是下降了。但是我想电子出版、网络出版，利用信息化的手段，一种新型的出版实实在在增长得非常快，我想在未来的十年以后，应该会达到一个比较崭新的阶段。现在传统的出版社面临一个转型的问题，所以我想北大出版社正在做这方面的思考。

【主持人】高主席怎么看待没有纸质书可读的时代？

【高占祥】王社长是搞出版的行家，有他的看法，我对这方面没有过多的思考和研究，但是我的出身是一个印刷工人，我在印刷厂里面干了将近20年，对纸有着特别深厚的感情。我曾经写《文房四宝》的时候第一个写的就是纸，它已经成为四宝。随着现代化的发展，这种无纸的读物会越来越多，但是我想不管是再过五年、十年或者更多的时间，这种无纸的书，读也好、买也好，是不可能全部把纸消灭了。这种有纸的书会永远存在，只是一个量的多少而已，印出来的东西是一种文化，是一种艺术，是一种享受，是一种装饰，是一种生活当中、视觉当中不可缺少的东西。如果我的书房没了，我就觉得我的家没了，如果将来看不着书了，只剩一台电脑了，那我会感觉到精神空虚，会感觉到不习惯。当然，再过五代、十代的人他的习惯会改变，当然，这种电子读物，无纸的书肯定会越来越多，但是有纸的书永远不会消失，这就是我的一种愿望，或者说一种理想。

【主持人】感谢两位嘉宾今天做客我们的文化论坛，跟我们谈了很多新的观点，对我们的工作和学习都很有指导意义，感谢两位嘉宾做客，希望再次做客人民网，感谢各位网友的观看，再见！

高占祥简介

出　生:1935年11月7日生于北京通县郝家府村。

学　历:毕业于北京红旗业余大学中文系、俄语系。日语毕业于崇文成人学校。现为北京大学、中国人民大学、上海交通大学客座教授,马来西亚大马中央艺术研究院客座教授。

曾　任:541厂党委副书记、北京团市委副书记、全国青联副主席、团中央书记处书记、河北省委副书记、文化部常务副部长、十二届中央候补委员、中国文联党组书记兼常务副主席。

现　任:全国政协常委、中华民族文化促进会主席、中国名人工委主席、中国文学艺术基金会会长、艺术评估委员会主任、中国国际标准舞总会名誉会长、古琴协会名誉会长。

创　意:首倡"五讲四美"、"万里边疆文化长廊"、"德艺双馨"、"万里采风"、"晚霞工程"、"彩霞工程"、"朝霞工程"、"山花工程"等重要活动。率先提出"浇花论"、"微调论",提倡将"斗争哲学"转变为"建设哲学"。

创　作：先后出版了诗集、歌词集、论文集、书法集、绘画集、摄影集等著作77部。《人生宝典》九次再版，与六卷本《高占祥畅谈录》、《文化力》一起被美国国会图书馆收藏。《咏荷诗500首》被评为世界吉尼斯纪录，杂文《当说必说》编入高中课本，散文《梦里依稀慈母情》在联合国举办的征文活动中荣获一等奖。在日本、香港、北京、上海等地举办书法、绘画、摄影30余次个展和三次诗歌朗诵专场晚会。

获　奖：先后荣获文艺评论奖、歌词创作奖、中国文化贡献奖、"五个一工程奖"、中国图书奖、艺术成就奖等20余种奖项。花卉摄影被评为20世纪世界华人百年摄影经典，《公仆赞》歌曲唱遍大江南北，《和平颂》长诗搭载神舟六号遨游太空并被19届世界诗人大会评为金奖，获大世界基尼斯最佳项目奖。歌曲《朝霞之歌》获"全国少儿歌曲创作大赛"金奖。四次国标舞国际大赛和国内五次大赛的领舞者，国标舞荣获金星勋章。

荣　誉：曾荣获先进生产者、工作模范、青年模范、五好下放干部、绿化标兵，藏书状元、联合国和平使者、中国国标舞开拓者、世界咏荷诗最多的作者、世界桂冠诗人、中国最具社会责任感的艺术家等荣誉称号。

格　言：学习是生命的奠基石，苦斗是命运的救生圈。精耕自有丰收日，时光不负苦心人。

口头禅：童工当部长，想都不敢想，全靠党和人民来培养。

高占祥主要著作目录

1986 年 6 月	《领导艺术纵横谈》	光明日报出版社
1988 年 11 月	《浇花集》(文集)	文化艺术出版社
1989 年 9 月	《微风集》(文集)	百花文艺出版社
1990 年 5 月	《春泥集》(序集)	百花文艺出版社
1990 年 5 月	《文坛百论》(论文集)	文化艺术出版社
1991 年 10 月	《恪守篇》(文集)	中国青年出版社
1993 年 5 月	《高占祥书法集》	香港新时代出版社
1993 年 8 月	《处世歌诀》	大众文艺出版社
1993 年 8 月	《微言集》	香港文化教育出版社
1994 年 2 月	《社会文化论》(文集)	中国文联出版公司
1994 年 6 月	《人生宝鉴》	中国青年出版社
1994 年 7 月	《文化艺术管理论》	北京大学出版社
1994 年 10 月	《高占祥书法选》	天津杨柳青画社
1995 年 7 月	《微笑》	百花文艺出版社
1995 年 12 月	《丰碑颂》	百花文艺出版社

1995 年 12 月	《细雨集》（戏剧评论集）	长春出版社
1996 年 11 月	《文化长廊论》	广西民族出版社
1997 年 4 月	《苦耕集》（文集）	长春出版社
1997 年 7 月	《高占祥论文化》	百花文艺出版社
1997 年 8 月	《咏荷四百首》（诗集）	海天出版社
1997 年 8 月	《人生缩影》（摄影集）	陕西人民美术出版社
1997 年 8 月	《荷花魂》（摄影集）	文化艺术出版社
1997 年 8 月	《莲花韵》（摄影集）	海天出版社
1997 年 10 月	《祖国颂》（摄影集）	高占祥艺术工作室
1997 年 10 月	《金秋颂》（摄影集）	高占祥艺术工作室
1997 年 10 月	《荷花颂》（摄影集）	高占祥艺术工作室
1998 年 1 月	《处世歌诀》（绘画本）	中国电影出版社
1998 年 3 月	《清莲颂》（诗集）	长春出版社
1998 年 4 月	《高占祥摄影作品集》	文化艺术出版社
1999 年 2 月	《人生镜语》	中国青年出版社
1999 年 6 月	《金菊风韵》（摄影集）	中国环境科学出版社
1999 年 6 月	《百花送馨》（摄影集）	中国环境科学出版社
1999 年 6 月	《国色天香》（摄影集）	中国环境科学出版社
1999 年 6 月	《仙荷风姿》（摄影集）	中国环境科学出版社
1999 年 6 月	《荷花大观》（摄影集）	河北美术出版社
1999 年 9 月	《莲之恋》（歌曲）	人民音乐出版社
1999 年 10 月	《咏荷诗五百首》	河北美术出版社
1999 年 10 月	《高占祥书法作品集》	辽宁美术出版社
2000 年 5 月	《人生感言》	中国青年出版社
2000 年 6 月	《春兰幽香》（摄影集）	辽宁美术出版社
2001 年 1 月	《人生宝典》	中国青年出版社
2001 年 4 月	《高占祥歌词集》	中国金融出版社

2001 年 7 月	《高占祥朗诵诗选》	百花文艺出版社
2001 年 7 月	《人生漫步》	香港开益出版社
2001 年 12 月	《人生宝典丛书》	花城出版社
2002 年 3 月	《高占祥散文选》	百花文艺出版社
2002 年 4 月	《人生歌谣》	中国工人出版社
2002 年 5 月	《高占祥摄影艺术作品集》	长城出版社
2002 年 12 月	《四微堂序集》	人民日报出版社
2003 年 4 月	《高占祥杂文选》	人民日报出版社
2003 年 4 月	《文艺漫笔》	人民日报出版社
2003 年 6 月	《百花齐放·高占祥诗·影集》	宁夏人民出版社
2003 年 9 月	《菊花大观》	宁夏人民出版社
2004 年 7 月	《占祥墨趣》	河北教育出版社
2005 年 4 月	《高占祥国画作品集》	高占祥艺术工作室
2005 年 4 月	《高占祥油画作品集》	高占祥艺术工作室
2005 年 4 月	《高占祥梦幻画作品集》	高占祥艺术工作室
2005 年 4 月	《高占祥风光摄影集》	高占祥艺术工作室
2005 年 4 月	《高占祥花卉摄影集》	高占祥艺术工作室
2005 年 4 月	《高占祥书法作品集》	高占祥艺术工作室
2005 年 10 月	《和平颂》	高占祥艺术工作室
2005 年 11 月	《高占祥舞台摄影作品集》	高占祥艺术工作室
2006 年 4 月	《文选高诗》	长春出版社
2006 年 8 月	《不信春来花不红》	高占祥艺术工作室
2006 年 10 月	《正义之春畅谈录》	长春出版社
2006 年 10 月	《燕赵之夏畅谈录》	长春出版社
2006 年 10 月	《红楼之秋畅谈录》(上)	长春出版社
2006 年 10 月	《红楼之秋畅谈录》(下)	长春出版社
2006 年 10 月	《沙滩之冬畅谈录》	长春出版社

2006年10月	《吉祥仲春畅谈录》	长春出版社
2006年12月	《百荷丰姿》	吉林文史出版社
2007年2月	《和平颂》诗集	河北教育出版社
2007年8月	《高占祥写意摄影》	中国艺术出版社
2007年8月	《高占祥岩彩绘画》	中国艺术出版社
2007年8月	《高占祥风光摄影》	中国艺术出版社
2007年10月	《文化力》	北京大学出版社
2007年10月	《残荷如歌》	长城出版社
2008年5月	《新三字经》	中国人民大学出版社

主编著作有：

1983年8月	《青年知识手册》	河北人民出版社
1990年10月	《论校园文化》	新华出版社
1991年3月	《革命先烈家书选》	百花文艺出版社
1991年4月	《革命先烈名言录》	百花文艺出版社
1991年5月	《文化管理丛书》	文化艺术出版社
1991年10月	《论节日文化》	文化艺术出版社
1992年9月	《论庙会文化》	文化艺术出版社
1993年6月	《中国文化大百科全书》	长春出版社
1993年7月	《中国民族节日大全》	知识出版社
1994年1月	《论村落文化》	河南人民出版社
1994年5月	《成兆才全集》	花山文艺出版社
1994年7月	《论社区文化》	文化艺术出版社
1996年10月	《论老年文化》	文化艺术出版社
1998年1月	《程长庚研究文丛》	中国戏剧出版社
1998年12月	《新时期文学艺术成就总论》	花山文艺出版社

高占祥主要获奖情况

1964 年　《永远站在社会主义建设最前线》获文化部颁发的优秀歌曲奖

1984 年　荣获首届河北音乐之春歌词创作一等奖

1985 年　《诗海明珠》获河北省颁发的优秀文艺评论奖

1991 年　主编《革命先烈家书选》《革命先烈名言录》获团中央颁发的青年优秀读物奖，并获 1991 年党建读物奖

1991 年　论人生的文集《恪守篇》获中国图书奖

1995 年　《人生宝鉴》获上海市中小学优秀课外读物一等奖

1995 年　获北京大学颁发的中国文化贡献奖

1995 年　散文《梦里依稀慈母情》获联合国儿童基金会颁发的征文一等奖

1995 年　歌曲《公仆赞》获 MTV 电视大赛金奖

1996 年　歌曲《公仆赞》获中宣部颁发的“五个一工程”奖

1996 年　获《中国歌坛辉煌二十年》作词成就奖

1997 年　获中日友好摄影作品优秀奖

1997 年　获日本教育委员会颁发的书法优秀奖

1998 年　参加全国荷花大赛的作品被评为优秀作品奖

1998年　散文《我与希望工程》获中国青少年基金会颁发的征文一等奖
1998年　获国际中国美术家协会颁发的艺术成就奖
1999年　诗集《咏荷诗五百首》获“大世界基尼斯之最”证书和“世界最多咏荷诗作者”称号
2001年　获中国舞蹈“荷花奖”国际标准舞开创者称号
2001年　《人生感言》荣获上海市中小学优秀课外读物一等奖
2001年　入选《中国国情报告·专家学者卷》获专家学者证书
2001年　《公仆赞》荣获首届中国音乐“金钟奖”银奖
2002年　获徐悲鸿美术奖特别荣誉奖
2004年　获第十八届全国荷花展览会摄影金奖
2004年　获全国兰花文化节兰花摄影金奖
2005年　摄影作品被评为20世纪摄影经典
2005年　《和平颂》获第十九届“世界诗人大会”金奖
2005年　获“世界桂冠诗人”称号
2005年　获联合国“和平使者”称号
2006年　获中国国际标准舞金星勋章
2006年　《人生宝典》《高占祥畅谈录》被美国国会图书馆收藏
2007年　获“中国最具社会责任感的艺术家”称号
2008年　《和平颂》获“大世界基尼斯之最”是佳项目奖

附录四

研究高占祥现象著作目录

1995 年 10 月	《铁匠出身的部长——高占祥》(单行本)	
1997 年 1 月	《初读高占祥》	长春出版社
1997 年 3 月	《高占祥群文学术思想论文集》	长春出版社
1998 年 3 月	《记者眼中的高占祥》	党建读物出版社
1998 年 10 月	《人民诗人高占祥》	百花文艺出版社
2001 年 6 月	《人生宝典论》	中国青年出版社
2002 年 12 月	《再读高占祥》	人民日报出版社
2006 年 5 月	《解读高占祥》	(单行本)
2006 年 10 月	《三读高占祥》	长春出版社
2007 年 8 月	《四读高占祥》	长春出版社